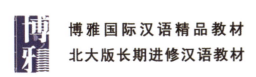

博雅国际汉语精品教材
北大版长期进修汉语教材

博雅汉语听说·中级冲刺篇 II

Boya Chinese
Listening and Speaking (Intermediate) II

李晓琪　主编
董琳莉　编著

图书在版编目(CIP)数据

博雅汉语听说.中级冲刺篇.Ⅱ/董琳莉编著.—北京:北京大学出版社,2020.4
北大版长期进修汉语教材
ISBN 978-7-301-31141-7

Ⅰ.①博… Ⅱ.①董… Ⅲ.①汉语—听说教学—对外汉语教学—教材 Ⅳ.①H195.4

中国版本图书馆CIP数据核字(2020)第008286号

书　　　名	博雅汉语听说·中级冲刺篇Ⅱ BOYA HANYU TINGSHUO·ZHONGJI CHONGCI PIAN Ⅱ
著作责任者	董琳莉　编著
责任编辑	孙艳玲　邓晓霞
标准书号	ISBN 978-7-301-31141-7
出版发行	北京大学出版社
地　　　址	北京市海淀区成府路205号　100871
网　　　址	http://www.pup.cn　新浪微博:@北京大学出版社
电子信箱	zpup@pup.cn
电　　　话	邮购部 010-62752015　发行部 010-62750672　编辑部 010-62753374
印刷者	三河市博文印刷有限公司
经销者	新华书店
	889毫米×1194毫米　大16开本　12.25印张　314千字 2020年4月第1版　2020年4月第1次印刷
定　　　价	78.00元(含课本、听力文本及参考答案)

未经许可,不得以任何方式复制或抄袭本书之部分或全部内容。
版权所有,侵权必究
举报电话:010-62752024　电子信箱:fd@pup.pku.edu.cn
图书如有印装质量问题,请与出版部联系,电话:010-62756370

前　言

"听、说、读、写"是第二语言学习者必备的四项语言技能，全面掌握了这四项技能，就能够实现语言学习的最终目标——运用语言自由地进行交际。为实现这一目的，自20世纪中后期起，从事汉语教学工作的教材编写者们在综合教材之外，分别编写了听力教材、口语教材、阅读教材和写作教材，这对提高学习者的"听、说、读、写"四项语言技能起到了至关重要的作用。不过，由于各教材之间缺乏总体设计，各位编者各自为政，产生的结果就是教材主题比较零散，词汇和语言点数量偏多，重现率偏低。这直接影响到教学效果，也不符合第二语言学习规律和现代外语教学原则。21世纪以来，听说教材和读写教材开始出现，且以中级听说教材和中级读写教材为主，这是教材编写的新现象。

本套系列教材突破已有教材编写的局限，根据语言教学和语言习得的基本原则，将听力教学和口语教学相结合，编写听说教材9册，将阅读教学和写作教学相结合，编写读写教材6册，定名为《博雅汉语听说》《博雅汉语读写》系列教材。这是汉语教材编写的一次有益尝试。为保证教材的科学性和有效性，在编写之前，编者们多次研讨，为每册教材定性（教材的语言技能性质）、定位（教材的语言水平级别）和定量（教材的话题、词汇和语言点数量），确保了教材设计的整体性和科学性。这符合现代外语教材编写思路和原则，也是本套教材编写必要性的集中体现。相信本套教材的出版，可为不同层次的学习者（从初级到高级）学习和掌握汉语的听说、读写技能提供切实的帮助，可为不同院校的听说课程和读写课程提供突出语言功能的成系列的好用教材。

还要说明的是，早在2004年，北京大学对外汉语教育学院的一些教师已经陆续编写和出版了《博雅汉语》综合系列教材，共9册。该套教材十余年来受到使用者的普遍欢迎，并获得北京大学2016年优秀教材奖。2014年，该套教材根据使用者的需求进行了修订。本次编写的《博雅汉语听说》《博雅汉语读写》系列教材与《博雅汉语》

综合系列教材成龙配套，形成互补（听说9册与综合9册对应，读写分为初、中、高三个级别，也与综合教材对应）和多维度的立体结构。无论是从教材本身的体系来看，还是从出版的角度来说，同类系列汉语教材这样设计的还不多见，《博雅汉语》和《博雅汉语听说》《博雅汉语读写》系列教材的出版开创了汉语教材的新局面。

本套教材（听说系列、读写系列）的独特之处有以下几点：

1. 编写思路新，与国际先进教学理念接轨

随着中国国际地位的提高，世界各国、各地区学习汉语的人越来越多，汉语教学方兴未艾，编写合适的汉语系列教材是时代的呼唤。目前世界各地编写的汉语教材数量众多，但是很多教材缺乏理论指导，缺乏内在的有机联系，没有成龙配套，这不利于汉语教学的有效开展。国内外汉语教学界急需有第二语言教学最新理论指导的、有内在有机联系的、配套成龙的系列教材。本套系列教材正是在此需求下应运而生，它的独到之处主要体现在编写理念上。

第二语言的学习，在不同的学习阶段有不同的学习目标和特点，因此《博雅汉语听说》《博雅汉语读写》系列教材的编写既遵循了汉语教材的一般性编写原则，也充分考虑到各阶段的特点，较好地体现了各自的特色和目标。两套教材侧重不同，分别突出听说教材的特色和读写教材的特色。前者注重听说能力的训练，在过去已有教材的基础上有新的突破；后者注重读写能力的训练，特别重视模仿能力的培养。茅盾先生说："模仿是创造的第一步。"行为主义心理学也提出"模仿"是人类学习不可逾越的阶段。这一思想始终贯穿于整套教材之中。说和写，都从模仿开始，模仿听的内容，模仿读的片段，通过模仿形成习惯，以达到掌握和创新。如读写教材，以阅读文本为基础，阅读后即引导学习者概括本段阅读的相关要素（话题、词语与句式），在此基础上再进行拓展性学习，引入与文本话题相关的词语和句式表达，使得阅读与写作有机地贯通起来，有目的、有计划、有步骤、有梯度地帮助学生进行阅读与写作的学习和训练。这一做法在目前的教材中还不多见。

2. 教材内容突出人类共通文化

语言是文化的载体，也是文化密不可分的一部分，语言受到文化的影响而直接反

前 言

映文化。为在教材中全面体现中华文化的精髓，又突出人类的共通文化，本套教材在教学文本的选择上花了大力气。其中首先是话题的确定，从初级到高级采取不同方法。初级以围绕人类共通的日常生活话题（问候、介绍、饮食、旅行、购物、运动、娱乐等）为主，作者或自编，或改编，形成初级阶段的听或读的文本内容。中级阶段，编写者以独特的视角，从人们日常生活中的喜怒哀乐出发，逐渐将话题拓展到对人际、人生、大自然、环境、社会、习俗、文化等方面的深入思考，其中涉及中国古今的不同，还讨论到东西文化的差异，视野开阔，见解深刻，使学习者在快乐的语言学习过程中，受到中国文化潜移默化的熏陶。高级阶段，以内容深刻、语言优美的原文为范文，重在体现人文精神、突出人类共通文化，让学习者凭借本阶段的学习，能够恰当地运用其中的词语和结构，能够自由地与交谈者交流自己的看法，能够自如地写下自己的观点和意见……最终能在汉语的天空中自由地飞翔。

3. 充分尊重语言学习规律

本套教材从功能角度都独立成册、成系列，在教学上完全可以独立使用；但同时又与综合教材配套呈现，主要体现在三个方面：

（1）与《博雅汉语》综合系列教材同步，每课的话题与综合教材基本吻合；

（2）每课的词汇重合率在25%以上，初级阶段重合率在45%以上；

（3）语言知识点在重现的基础上有限拓展。

这样，初级阶段做到基本覆盖并重现综合教材的词语和语言点，中高级阶段逐步加大难度，重点学习和训练表达任务与语言结构的联系和运用，与《博雅汉语》综合教材的内容形成互补循环。

配套呈现的作用是帮助学习者在不同的汉语水平阶段，各门课程所学习的语言知识（词语、句式）可以互补，同一话题的词语与句式在不同语境（"听、说、读、写"）中可以重现，可以融会贯通，这对学习者认识语言，同步提高语言"听、说、读、写"四项技能有直接的帮助。

4. 练习设置的多样性和趣味性

练习设计是教材编写中的重要一环，也是本套教材不同于其他教材的特点之一。

练习的设置除了遵循从机械性练习向交际练习过渡的基本原则外，还设置了较多的任务型练习，充分展示"做中学""练中学"的教学理念，使学习者在已有知识的基础上得到更深更广的收获。

还要特别强调的是，每课的教学内容也多以听说练习形式和阅读训练形式呈现，尽量减少教师的讲解，使得学习者在课堂上获得充分的新知识的输入与内化后的语言输出，以帮助学习者尽快掌握汉语"听、说、读、写"技能。这也是本套教材的另一个明显特点。

此外，教材中还设置了综合练习和多种形式的拓展训练，这些练习有些超出了本课听力或阅读所学内容，为的是让学习者在已有汉语水平的基础上自由发挥，有更大的提高。

综上，本套系列教材的总体设计起点高，视野广，既有全局观念，也关注每册的细节安排，并且注意学习和借鉴世界优秀第二语言学习教材的经验；参与本套系列教材的编写者均是具有丰富教学经验的优秀教师，多数已经在北京大学从事面向留学生的汉语教学工作超过20年，且有丰硕的科研成果。相信本套系列教材的出版将为正在世界范围内开展的汉语教学提供更大的方便，进一步推动该领域的学科建设向纵深发展，为汉语教材的百花园增添一束具有鲜明特色的花朵。

衷心感谢北京大学出版社的领导和汉语室的各位编辑，是他们的鼓励和支持，促进了本套教材顺利立项（2016年北京大学教材立项）和编写实施；是他们的辛勤耕作，保证了本套教材的设计时尚、大气、色彩及排版与时俱进，别具风格。

李晓琪
于北京大学蓝旗营

使用说明

本教材是《博雅汉语·中级冲刺篇Ⅱ》的配套听说教材,适用于向高级阶段冲刺的中级汉语学习者。

本教材的主要目的是让学习者扩大汉语词汇量,巩固和增加汉语语法储备,特别是口语常用句式的语用知识,在一定情境下灵活运用汉语,加深对中国社会和文化的了解,提高汉语的听说技能。

本教材一共8课,以话题为主线选取材料,涉及友情、亲情、饮食、宠物等内容,帮助学生更好地了解中国的社会文化生活和中国人的思维方式等,同时还选取了世界共性话题,如养老、吸烟等问题,关注和培养学生的兴趣点,引导学生积极讨论。

为了与教学节奏相契合,也便于教师教授和学生学习,我们把每课分为两个部分,每一部分包括课前准备、词语理解、语句理解、语段理解、口语句式及文化知识等板块,并在第二部分增加拓展练习板块。具体内容如下:

1. 课前准备

通过头脑风暴,将学生快速集中于本课即将学习的内容,包括词语表、课堂小组交流、分组调查、成段表达准备等。

需要说明的是,词语表只列出了词语的拼音,没有给出词性和释义。这样做是为了让学生在学习本课内容之前,通过查工具书等方式,了解词语的意思和用法,以便在课堂上与同学交流,减少课堂翻阅工具书的时间,达到课上多开口的目的。词语的难度系数基本与《博雅汉语·中级冲刺篇Ⅱ》一致,复现词语用 * 标出。同时考虑到教师备课及学生复习等需求,在配套的《听力文本及参考答案》中给出包含词性与释义的词语表,供老师和同学们查阅。

2. 词语理解

在学生充分预习的基础上,从听和说两方面安排理解性与运用性练习,有助于学生理解词语的意义和用法。

3. 语句理解

将听、说和写联系在一起，着重训练学生的表达能力和听记能力。这部分语句，有的选自《博雅汉语·中级冲刺篇Ⅱ》，有的是与本课课文内容相关的语句，以达到温故知新的效果。

4. 语段理解

以成段听力训练为主，包括填空、判断正误、听后回答或讨论等练习，体现了听说教学从词到句再到段的层次性。这部分的特点在于，听力训练前给出内容提示，对听力短文或对话有一个大概的介绍，以适当控制难度，为成段听力练习做好铺垫。

5. 口语句式

选取文本中典型的口语句式或短语，给出释义和例句，着重介绍其用法，并通过句式练习加以巩固，以便让学生掌握更多的灵活多变的句式。

6. 文化知识

选取与文本内容相关的文化知识作为补充阅读，适当增加新词，培养学生的阅读能力，拓展学生的知识面，进而培养学生成段表达的能力。

7. 拓展练习

训练学生的成段表达能力，包括小演讲、小辩论、采访与调查、课堂实践、模拟空间等多种任务型练习，充分体现"做中学""练中学"的教学理念。需要说明的是，这部分内容与"课前准备"部分首尾呼应，通过课前充分的调研准备、各部分听说练习的积累，最后以课堂汇报等形式完成一课的学习。

结合听说教学和本教材的特点，提出以下几点建议：

1. 根据内容的不同，确定听力要求

本教材强调通过大量的听来学习语言，通过听后练习建立语音和意义之间的联系，因此听力材料力求丰富，有单句、短对话（一个话轮）、短文和长对话等。针对不同的内容，提出不同要求：跟读或模仿句子，听懂大意、能回答问题，全部听懂。

2. 适当采用口述形式

词语或句子的听力练习，教师可以不用录音，口述形式更有利于学生理解。特别是"语句理解"部分，有的句子难度略大，建议老师口述句子，并做适当解释，同时让学生看录音文本。

3. 口语句式部分的学习可提前

虽然安排在"语段理解"之后,但是为了更好地扫清听力理解的障碍,建议提前学习,并完成练习。这些常用句式看起来可能不太符合基本语法,但却符合口语语法规范,也更地道。

4. 设定课前预习、课后复习的范围

可以要求学生预习"课前准备"部分的词语和练习,但不要超前预习听力材料,否则课堂上高度集中练习听力的作用就降低了。要求学生复习当课内容,争取听懂上课时不懂的地方,同时复述短文,慢慢培养汉语语感。

本教材配有《听力文本及参考答案》,方便学生课后复习,也可为一些自学者提供方便。

本教材在编写上作了某些大胆的尝试,希望有助于听说教材编写模式的改进,更希望学习者通过学习,不仅能提高汉语听力理解能力、成段表达能力,还能够获得提高汉语听说能力的方法和技巧。

本教材在编写过程中得到主编李晓琪教授的悉心指导,得到北京大学对外汉语教育学院刘德联老师的启发和帮助,北京大学出版社的领导和编辑也为本书的出版付出了很大的心血,在此一并表示衷心的感谢。

编　者

目录

第1课	临别赠言	1
	听说（一）　后会有期	1
	听说（二）　十年前的留言	7
第2课	老有所依　老有所为	14
	听说（一）　去敬老院做义工	14
	听说（二）　邻居张爷爷	20
第3课	中国的饮食文化	28
	听说（一）　家乡的面	28
	听说（二）　吃与文化	35
第4课	人类的朋友	43
	听说（一）　要是我有钱	43
	听说（二）　学校里的"学术猫"	49
第5课	战胜命运	58
	听说（一）　你是我的眼	58
	听说（二）　不屈的灵魂	64

第 6 课	戒烟与禁烟	72
	听说（一）　戒　　烟	72
	听说（二）　禁　　烟	78
第 7 课	亲　　情	85
	听说（一）　您多保重	85
	听说（二）　为了儿子的梦想	92
第 8 课	北京的记忆	100
	听说（一）　重游什刹海	100
	听说（二）　烟袋斜街	106
词语总表		114
句式总表		123

第1课 临别赠言

听力录音

听说（一）

后会有期

课前准备

  一 词语

1	临别	línbié
2	赠言*	zèngyán
3	后会有期	hòuhuì-yǒuqī
4	分手	fēn shǒu
5	辜负*	gūfù
6	抛弃*	pāoqì
7	期望	qīwàng
8	毁*	huǐ
9	恋恋不舍	liànliàn-bùshě
10	年富力强*	niánfù-lìqiáng
11	天各一方	tiāngèyìfāng
12	一去不复返*	yí qù bú fùfǎn

13	母校*	mǔxiào
14	心愿*	xīnyuàn
15	文凭*	wénpíng
16	学者*	xuézhě
17	番	fān
18	铺	pù
19	呼噜	hūlu
20	再会*	zàihuì
21	诸位*	zhūwèi
22	哟	yo

二 课堂讨论

查词典或向中国朋友了解下面词语的意思，并在课堂上讨论。
1. 志愿者
2. 王哥
3. 铁哥们儿

三 课堂小组交流

在你们国家，和朋友告别的时候，经常说什么？请翻译成汉语并在小组中交流，然后以PPT的形式向全班展示。

四 小调查

以小组为单位，调查周围的大学生（至少三人），了解他们对做志愿者的想法，然后向全班汇报。

第1课　临别赠言

词语理解

 一　听对话，回答问题

1. 女士为什么一定要跟男友分手？
2. 为什么现在很多日本女人结婚以后也不改姓了？
3. 面对家人的期望，女士是怎么说的？
4. 男士为什么不让孩子在小区踢足球了？
5. 女士分手时对男友说了些什么？

 二　选出与所听到的句子意思相近的一项

1. A. 听说他要走，几位爱他的同事都不愿意。
   B. 听说他要走，几位朋友都很难过。
   C. 听说他要走，几位同事都很舍不得。　　　　　　　　　　　　（　　）

2. A. 这些干部个个有钱，担任公司的领导工作都没问题。
   B. 这些干部个个年轻又有精力，担任公司的领导工作都没问题。
   C. 这些干部个个都年轻力壮，担任公司的领导工作都没问题。　　（　　）

3. A. 咱们就在这里分手，以后开会再见面吧。
   B. 咱们就在这里分手吧，以后还会相见的。
   C. 咱们就在这里分手吧，以后会有很长一段时间不能见面了。　　（　　）

4. A. 大学毕业以后，他和女友相隔很远，有时候一年也见不到一次。
   B. 大学毕业以后，他和女友一年多没有见过面了。
   C. 大学毕业以后，他和女友相隔太远，一年见一次。　　　　　　（　　）

5. A. 有了你们的帮助，我们农民就不会看不起病、吃不起药了。
   B. 有了你们的帮助，我们农民的生活越来越方便了。
   C. 有了你们的帮助，我们农民看病、吃药就方便多了。　　　　　（　　）

三　用三至五句话回答问题，并使用画线词语

1. 你的<u>母校</u>（小学、中学或大学）在哪些方面给你印象最深？
2. 毕业时有没有老师或同学给你毕业<u>赠言</u>？说出你最喜欢的一句。

3. 你现在最大的<u>心愿</u>是什么？
4. 获得名校的<u>文凭</u>是你人生的一个目标吗？
5. 你觉得成为一名大学里的<u>学者</u>需要具备哪些条件？

语句理解

二 听录音，跟读句子，并谈谈自己的感受

1-4

1. 不要抛弃学问。
2. 少年是一去不复返的。
3. 学问是绝不会辜负人的。
4. 抛弃了学问便是毁了你自己。
5. 你最大的责任是把你这块材料铸造成器。

 听录音，跟读句子，并用画线词语各说一句话

1-5

1. 我对这门课没有兴趣，只是为了学分<u>不得已</u>才选的。
2. 我们两个来自同一座城市，关系<u>自然</u>比别的同学亲密些。
3. 现在不努力学习，将来需要的时候再<u>补救</u>，恐怕就来不及了。
4. 一寸<u>光阴</u>一寸金，寸金难买寸光阴。

语段理解

 内容提示

　　王峰要去国外当志愿者了，同宿舍的几位同学都很支持他，也很舍不得他。下面就是这几位铁哥们儿给他的临别赠言。

第 1 课　临别赠言

 二　听对话，做练习

1-6

（一）听第一遍录音，填空

1. 可是真要分手了，却又有些 _____ 了。

2. 将来有机会回来，还是要争取把 _____ 拿到手。

3. 别辜负我们对你的 _____，咱们后会有期。

4. 到时候你们这些大 _____，可别看不起我这个老同学哟。

（二）听第二遍录音，判断正误

1. 王峰大学毕业以后去做志愿者了。　　　　　　　　　　　（　　）
2. 王峰上学期间，已经习惯了同学睡觉打呼噜的声音。　　　（　　）
3. 大学里的生活水平，比王峰要去的地方差一些。　　　　　（　　）
4. 同学希望王峰将来有机会能继续学习自己的专业知识。　　（　　）
5. 同学希望王峰工作学习两不误。　　　　　　　　　　　　（　　）

（三）听后回答

你对王峰的决定怎么看？

口语句式

 一　常用句式

1. 趁着年富力强，在社会上闯一闯也是必要的。

"趁（着）……"表示利用某种条件或者机会。如：

（1）趁着午休的时间，我去理了个发。

（2）趁（着）年轻多学点儿本事。

2. 恐怕**一时半会儿**还不适应。

"一时半会儿"表示较短的时间。如：

（1）这么长的课文，我一时半会儿背不下来。

（2）他刚来我们的球队，一时半会儿还不能跟大家很好地配合。

3. 到了那里<u>该</u>吃<u>就</u>吃，<u>该</u>玩儿<u>就</u>玩儿，别太苦了自己。

"该……就……"表示在具有某种条件或机会的时候，不要错过。如：

（1）别太累了，该休息就休息。

（2）你自己该怎么做就怎么做，别听人家的。

4. 身体健康<u>比什么都重要</u>。

"……比什么都重要"表示在同类事情中排在第一位。如：

（1）上大学期间，完成学业比什么都重要。

（2）在足球场上，进球比什么都重要。

二 句式练习

1. 完成句子：

（1）趁着假期_____。

（2）趁天还没黑下来_____。

（3）趁着去上海出差的机会_____。

2. 用"一时半会儿"造句：

（1）_____（学习钢琴）

（2）_____（出国留学）

（3）_____（治理环境污染）

3. 用"该……就……"造句：

（1）_____（争取）

（2）_____（严格要求）

（3）_____（表扬，批评）

4. 用"……比什么都重要"造句：

（1）_____（面试）

（2）_____（家庭）

（3）_____（国家）

第1课　临别赠言

听说（二）

十年前的留言

课前准备

一　词语

1	留言	liúyán
2	淘汰*	táotài
3	钦佩	qīnpèi
4	嫉妒	jídù
5	过人	guòrén
6	机灵	jīling
7	后进*	hòujìn
8	外号	wàihào
9	减肥	jiǎnféi
10	智慧	zhìhuì
11	帅气	shuàiqi
12	繁忙	fánmáng
13	单身*	dānshēn
14	行列	hángliè
15	讲台	jiǎngtái
16	目光	mùguāng

17	功课*	gōngkè
18	脑瓜儿	nǎoguār
19	罢了	bàle

二 课堂讨论

查词典或向中国朋友了解下面词语的意思，并在课堂上讨论。
1. 健身房　　　　　　　　2. 微胖族
3. 窈窕淑女　　　　　　　4. 富婆

三 名句收集

从中国古诗词中找出一些有关离别的诗句，朗读或背诵，并解释其含义，准备在全班诗词大会上表演。

词语理解

2-2

一 听对话，回答问题

1. 女士为什么没去看篮球比赛？
2. 男士对王平怎么看？
3. 小张她们为什么不太高兴？
4. 男士邻居的儿子中考考得怎么样？
5. 女士姐姐的孩子数学怎么样？

二 用三至五句话回答问题，并使用画线词语

1. 如果你的孩子是班里的<u>后进生</u>，你会怎么教育他/她？
2. 你对同学之间互相起<u>外号</u>这种现象怎么看？

3. 如果你的朋友想减肥，你会给他／她什么建议？
4. 你认为智慧来源于知识吗？
5. 你认为帅气是挑选男演员的唯一标准吗？为什么？

语句理解

 听录音，跟读句子，并谈谈自己的理解

2-3

1. 学无止境。
2. 天生我材必有用。
3. 少壮不努力，老大徒伤悲。
4. 不积跬步，无以至千里；不积小流，无以成江海。
5. 风声雨声读书声，声声入耳；家事国事天下事，事事关心。

 二 听录音，跟读句子，并用画线词语各说一句话

2-4

1. 开学后，急需解决的生活问题是办理食堂的饭卡。
2. 我们不能眼睁睁地看着他变成后进生而不管。
3. 我只希望找一个跟专业相关的工作，至于工资多少，并不重要。
4. 这份工作收入虽然不高，不过节衣缩食还是可以勉强生活下去的。
5. 为健康计，你应该多运动，少吃肉。

语段理解

一 内容提示

　　杨丽和李灵，两位中学时代的好姐妹，今天一起回到了母校。十年前，就在她们即将毕业的时候，她们分别为对方写下了一段留言，作为两个人的秘密藏在一个盒子里，埋在大树下面，约好十年后再打开。今天，她们回来了……

二 听短文，做练习

（一）听第一遍录音，填空

1. 杨丽现在是一家公司的部门经理，因为工作繁忙，没顾上_____。
2. 她每天下班后一定要去_____锻炼，已经成功减肥_____公斤。
3. 我想象十年后的你，一定是一副学者_____。
4. 李灵在上高中的时候，最讨厌学习，差点儿连_____都没参加。
5. 你一定能成为大"富婆"，开着你的"宝马"来见我，到时候别忘了请我_____哟。

（二）听第二遍录音，判断正误

1. 杨丽现在一点儿也不胖。　　　　　　　　　　　　　　　（　　）
2. 杨丽现在是一位大学老师。　　　　　　　　　　　　　　（　　）
3. 李灵上学期间，门门功课都是优秀。　　　　　　　　　　（　　）
4. 杨丽相信，凭着李灵的聪明智慧，一定不会被社会淘汰。　（　　）

（三）听后回答

杨丽和李灵十年前的预测是否都是准确的？详细阐述一下儿。

口语句式

一 常用句式

1. 从过去的"微胖族"，<u>走进</u>了"窈窕淑女"<u>的行列</u>。

   "走进……的行列"表示成为某个群体的一员。如：
   （1）经过努力，我终于走进了大学生的行列。
   （2）她来到工厂才一年，就走进了先进生产者的行列。

2. <u>但愿</u>你还没结婚或者结了婚还没当妈妈，否则你会胖得连我也认不出来了。

   "但愿"意思是只希望。如：

（1）A：我又给儿子找了一位数学辅导老师，希望能提高他的数学成绩。

　　B：但愿你的辛苦能收到回报。

（2）A：他们把儿子送到国外学习去了。

　　B：这孩子才十六啊！但愿这钱没有白花。

3. 但其实你的小脑瓜儿比谁都聪明，只不过你的心没有放在学习上面罢了。

"只不过……罢了"表示仅仅如此，有把事情往小里说的意思。有时也说"（只）不过……"或"……罢了"。如：

（1）只不过写错几个字罢了，用不着大惊小怪。

（2）我和她不是太熟，不过是见面点个头的交情。

（3）开个玩笑罢了，别当真。

4. 凭着你过人的智慧，你是不会被这个社会淘汰的。

"凭着……"表示依靠、依据。如：

（1）凭着多年的经验，他们完成了这项艰巨的任务。

（2）凭着超人的记忆力，他获得了这一期知识竞赛的冠军。

二 句式练习

1. 用"走进……的行列"造句：

　　（1）_____（劳动模范）

　　（2）_____（著名运动员）

　　（3）_____（知名主持人）

2. 下面是中国古代文学家苏轼一首词中的一段，理解这段词的意思并谈谈自己的感受：

　　人有悲欢离合，月有阴晴圆缺，此事古难全。

　　但愿人长久，千里共婵娟。

3. 用"只不过……罢了"完成句子：

　　（1）爸爸不会真的打你，_____

　　（2）老板平时挺和气的，_____

　　（3）今天下午公司开会，_____

4. 用"凭着……"造句：

（1）＿＿＿＿＿＿＿＿＿＿＿＿＿＿＿＿＿＿＿＿＿＿＿＿（技术）

（2）＿＿＿＿＿＿＿＿＿＿＿＿＿＿＿＿＿＿＿＿＿＿＿＿（方向感）

（3）＿＿＿＿＿＿＿＿＿＿＿＿＿＿＿＿＿＿＿＿＿＿＿＿（第六感）

文化知识

一 请你说说

1. 现代社会中，为什么越来越多的人愿意做一名志愿者？
2. 如果有需要，你会暂时停止你的专业学习去做一名志愿者吗？为什么？

二 阅读短文，回答问题

什么是志愿者？志愿者指的是在不取得任何物质报酬的情况下，利用自己的时间和善心，为社会提供服务的人。

在中国，志愿者主要分为以下几种：

一是为大型活动提供服务的人，比如2008年北京奥运会，志愿者人数近十万人。他们的服务岗位主要涉及礼宾、语言翻译、交通运输、安全保卫、医疗卫生、观众引导、物品分发、沟通联络等。

二是服务于养老院、孤儿院。他们定期去帮助那些需要照顾的老人和孤儿。

三是去偏远地区做乡村教师，为那里的学生提供义务教育。

四是去国外一些需要帮助的地方，提供汉语教育、医疗卫生、抗震救灾等方面的支援。

志愿者是无国界的，在一些国家和地区，也称作"义工"。遍布世界各地的志愿者为世界带来的不仅仅是物质上的帮助，更重要的是一种奉献精神。

报酬（名）bàochóu：因劳动而领取的酬金。

善心（名）shànxīn：好心。

岗位（名）gǎngwèi：职位。

涉及（动）shèjí：关联到。

礼宾（形）lǐbīn：按照礼仪接待宾客的。

沟通（动）gōutōng：使双方联系到。

孤儿（名）gū'ér：失去父母的儿童。

义务（形）yìwù：不要报酬的。

抗震救灾 kàngzhèn-jiùzāi：地震等灾害发生时采取措施，减少生命财产的损失。

义工（名）yìgōng：自愿从事公益性工作的人。

奉献（动）fèngxiàn：付出。

读后回答

1. 什么是志愿者?
2. 中国的志愿者主要分为哪几种?
3. 志愿者能为世界带来什么?

拓展练习

一 诗词大会

分组收集中国有关离别的古代诗句,在课堂上朗读或背诵,并解释其含义,由全班同学评选出最佳表演组。

二 视频分享

收集并向全班同学展示某大学校长在毕业典礼上的致辞视频片段,并就致辞中的某一两句话做两分钟的演讲。

三 模拟实践

1. 校长致辞:
模拟毕业典礼的场景,以某大学校长的身份,向毕业生做三分钟的致辞。

2. 毕业生代表致辞:
以毕业生代表的身份,在毕业典礼上向同学们做三分钟的毕业致辞。

四 调查报告

总结归纳各小组调查的大学生对做志愿者的想法,做成PPT,在课堂上分组报告。

第2课　老有所依　老有所为

听力录音

听说（一）

去敬老院做义工

课前准备

 一　词语

1-1

1	渴望*	kěwàng
2	树立	shùlì
3	内心*	nèixīn
4	感受*	gǎnshòu
5	偶然*	ǒurán
6	肩负*	jiānfù
7	得知	dézhī
8	老家	lǎojiā
9	变故*	biàngù
10	欣慰	xīnwèi
11	翻天覆地	fāntiān-fùdì
12	束手无策*	shùshǒu-wúcè

第 2 课　老有所依 老有所为

13	信念*	xìnniàn
14	岁月*	suìyuè
15	行走*	xíngzǒu
16	去世*	qùshì
17	依旧	yījiù
18	村	cūn
19	嫁	jià
20	万一	wànyī
21	下葬*	xià zàng
22	亲人	qīnrén
23	据	jù
24	孤身	gūshēn
25	身影*	shēnyǐng
26	亲情*	qīnqíng

二　课堂讨论

查词典或向中国朋友了解下面词语的意思，并在课堂上讨论。
1. 敬老院　　　　　　　　2. 老有所依
3. 老有所为

三　三分钟演讲准备

你做过义工吗？在哪儿做的？做了多长时间？有什么可以分享的故事？以"我做义工的一段经历"为题，做三分钟演讲准备。

四　小调查

分组采访几位老人，了解他们的晚年生活，以及他们对今后生活的希望。以小组为单位进行总结，各选派一位同学代表小组向全班做汇报。

词语理解

一 听句子，选择正确的词语

1-2

1. 他一直 _____ 参加一次奥运会。　　　　　　　　　　（盼望　渴望）
2. 你们要 _____ 信心，这次一定能够拿冠军。　　　　　（树立　建立）
3. 要想获得观众的好评，必须考虑观众的 _____ 感受。　（耐心　内心）
4. 这件事，我也是 _____ 听别人提起的。　　　　　　　（偶然　偶尔）
5. 年轻人 _____ 着祖国未来的希望。　　　　　　　　　（肩负　兼顾）

二 听对话，回答问题

1-3

1. 女士是从哪里了解到公司进入世界五百强的消息的？
2. 老张为什么突然走了？
3. 女士的弟弟考上了理想的大学，家里人有什么反应？
4. 男士感觉家乡的变化怎么样？
5. 他们看到有人落水，是怎么做的？

三 用三至五句话回答问题，并使用画线词语

1. 如果你有时间和精力，你会去做<u>义工</u>吗？为什么？
2. 看到农村发生的变化，你有什么<u>感受</u>？
3. 有没有一种<u>信念</u>从小就在你心中？
4. 你的老家给你印象最深的是什么？
5. 你的爷爷奶奶是否经历过战争<u>岁月</u>？他们给你讲过那时候的故事吗？

语句理解

一 听录音，填空并朗读

1-4

多年来，每到这一天，这盏灯就会被我们兄妹 _____。无论我们走多

第2课　老有所依 老有所为

远，走到哪里，都会在这一天赶回家，一家人围在一起，_____地交谈，说_____的话，说自己这一年的成绩。这盏灯就这样_____地照着我们。我相信，在我们一家人之间，仍然有父亲的_____，_____在另一个世界的父亲也一定_____到了它的光芒与_____。

二　听录音，跟读句子，并用画线词语各说一句话

1-5

1. 十年前，父亲由于一次<u>偶然</u>的变故去世了。
2. 他吃了几天药，可是病情<u>依旧</u>没有好转。
3. 在那里，你可以亲身<u>感受</u>到普通人的生活。
4. 那里的人民<u>渴望</u>过一种没有战争的平静生活。

三　模仿下面的句子，用画线部分各说一句话

1. <u>我并非</u>那种什么都能泰然处之的人。
2. <u>我害怕</u>一个人走在黑暗的夜里。
3. <u>我不敢想象</u>没有父亲的日子该如何度过。
4. 一生之中又有多少个<u>这样黯淡的岁月</u>？

语段理解

一　内容提示

在中国的大学里，每到暑假，大部分学生都会参加社会实践活动，有的到一个地方去做社会调查，有的去敬老院或孤儿院做义工。听下面这段父子的对话，了解大学生对做义工的看法。

二　听对话，做练习

1-6

（一）听第一遍录音，填空

1. 我偶然_____，咱们老家新建了一所敬老院。

2. 如果不是生活在他们身边，你真的无法了解他们内心的_____。

3. 在家中，生病的老人再也不会_____地等死。

4. 听到这些消息，真为家乡的老人感到_____。

5. 让他们感受到亲情的存在，树立渴望过上幸福的晚年生活的_____。

（二）听第二遍录音，判断正误
1. 儿子打算毕业后去敬老院工作。（   ）
2. 父亲很长时间没有回家乡看看了。（   ）
3. 父子俩的家乡一直很穷。（   ）
4. 父亲赞同儿子回家乡做义工，去照顾那里的老年人。（   ）

（三）听后讨论
　　谈谈建立敬老院的利弊。

口语句式

一 常用句式

1. 是该回家乡看看了。

"是该……了"强调到了应该做某事的时候了。如：
（1）A：忙了一年了，你应该给自己放个假，出去放松一下儿。
　　　B：是该休息一下儿了。咱们明天就去旅行吧。
（2）A：快要考试了，儿子还不复习，整天在外面玩儿。
　　　B：是该好好儿管管他了。

2. 可不是嘛！

"可不是嘛"用反问的语气表示对对方的意见或看法持肯定态度。也可以说"可不是"或者"可不"。如：
（1）A：已经四月了，天还是这么冷。
　　　B：可不是嘛！我现在还穿着厚毛衣呢。

（2）A：咱们这里的物价越来越高了。

　　　B：可不！牛肉都卖五十多块钱一斤了。

3. 万一哪家发生什么变故，都是村里老人互相帮忙。

　　　"万一"表示可能性极小的假设。大多用于不希望发生的事。如：

（1）你不带雨伞，万一下起雨来可就麻烦了。

（2）万一考不上，你怎么办呢？

（3）万一他不同意呢？

4. 据介绍，这些年那里发生了翻天覆地的变化。

　　　"据"是介词，与双音节动词构成介词短语，表示某一行为或动作的出处或依据。如：

（1）据统计，公司的销售业绩超过了去年。

（2）据分析，小偷儿是从窗户爬进去的。

二 句式练习

1. 完成对话：

（1）A：到年底了，很多商店都大减价，你不去看看吗？

　　　B：是该_____了。

（2）A：你看你的头发，那么乱。

　　　B：是该_____了。

（3）A：楼上装修太吵了，影响孩子的学习。

　　　B：是该_____了。

2. 用"可不是嘛"组织对话：

　　A：_____

　　B：_____

3. 完成句子：

（1）万一发生地震，我_____

（2）你不带手机，万一迷了路，你_____

（3）万一旅行时丢了钱包，你_____

4. 完成句子：

（1）据介绍，_____

（2）据报道，_____

（3）据反映，_____

听说（二）

邻居张爷爷

课前准备

  词语

2-1

1	苍老*	cānglǎo
2	和善	héshàn
3	拮据	jiéjū
4	奔波	bēnbō
5	统计	tǒngjì
6	饱含	bǎohán
7	怜爱*	lián'ài
8	闪烁*	shǎnshuò
9	自言自语	zìyán-zìyǔ
10	捐款	juān kuǎn

11	赞助	zànzhù
12	天堂 *	tiāntáng
13	贫困	pínkùn
14	单薄 *	dānbó
15	居住	jūzhù
16	记事儿	jìshìr
17	从未 *	cóng wèi
18	破旧 *	pòjiù
19	路人	lùrén
20	挨个儿	āi gèr
21	而后 *	érhòu
22	废品	fèipǐn
23	收购	shōugòu
24	贴补	tiēbǔ
25	竟然	jìngrán
26	购买	gòumǎi
27	用品	yòngpǐn
28	泪花儿	lèihuār
29	整整 *	zhěngzhěng

二 三分钟演讲准备

以"我敬佩的一位老人"为题,做三分钟演讲准备。

词语理解

一 听对话，回答问题

2-2

1. 男士为什么感觉老王像六十多岁的人？
2. 为老人下葬的时候，为什么去的人那么多？
3. 张师傅家的生活怎么样？
4. 男士为什么从来不去公园？
5. 男士对统计数字抱什么态度？

二 选出与所听到的句子意思相近的一项

2-3

1. A. 我们劝了他很多次，他终于不再抽烟喝酒了。
   B. 我们劝了他几次，可是他还是每天抽烟喝酒。
   C. 我们劝了他很多次，可是他还是又抽烟又喝酒。　　（　　）

2. A. 校长认识每一位毕业的学生，和他们都有很深的感情。
   B. 校长很有感情地对每一位毕业生说出自己的祝福和希望。
   C. 校长希望每一位学生好好儿学习，争取早日毕业。　　（　　）

3. A. 这孩子眼睛一闪一闪的，一副可爱的样子。
   B. 这孩子眼睛一闪一闪的，挺可怜的。
   C. 这孩子眼睛会说话，真可爱。　　（　　）

4. A. 远处的一只只小船闪烁着点点的灯光，像天上的星星。
   B. 远处的一只只小船闪烁着点点的灯光，和天上的星星连在一起。
   C. 远处的一只小船闪烁着一点儿灯光，像天上的一颗星星。　　（　　）

5. A. 她胆子很小，上课时不敢回答问题。
   B. 她上课时总是小声说话，没有人知道她在说什么。
   C. 她上课回答问题时声音很小，听不清她在说什么。　　（　　）

三 用三至五句话回答问题，并使用画线词语

1. 你曾经给谁或因为什么事<u>捐过款</u>？

2. 如果你是公司老板，你会赞助中小学生组织的哪些活动？
3. 你认为什么样的生活可以被称作天堂般的生活？
4. 你认为应该为贫困人群提供什么样的帮助？

语句理解

一 听录音，跟读句子，并替换画线部分各说一句话

1. 每到这一天，这盏灯就会被我们兄妹点燃。
2. 我相信，在我们一家人之间，仍然有着父亲的呼吸。
3. 黑夜像一条奔腾的大河，覆盖着我单薄的身影和寂寞的心思。
4. 我们都不想让带着一生的遗憾和牵挂离开这个家庭的父亲再为他的儿女们伤心。

二 听录音并跟读，谈谈自己的理解与感受

游子吟
[唐]孟郊

慈母手中线，游子身上衣。
临行密密缝，意恐迟迟归。
谁言寸草心，报得三春晖？

语段理解

一 内容提示

张爷爷是我们居住的这条街上普通得不能再普通的人了。他扫了几十年的马路，生活很苦。退休以后，他又每天在这条街上捡水瓶去卖，大家都以为那是因为他穷。直到张爷爷去世，大家才发现他的秘密。

二 听短文，做练习

（一）听第一遍录音，填空

1. 即使是寒冷的冬天，他也总是穿着有些破旧的_____的工作服。

2. 不管认识不认识，他那_____的脸上总是堆着微笑。

3. 我们都以为，那是因为他穷，用捡来的饮料瓶换钱_____家用。

4. 虽然他自己的生活过得很_____，但是无论中国什么地方发生了大的灾害，他都会捐款。

5. 替学生们收下这笔钱的老师们，个个眼里都_____着泪花儿。

（二）听第二遍录音，判断正误

1. 张爷爷不在我们这里居住了，他回老家去了。　　　　（　　）
2. 张爷爷结婚以后，一直没有孩子。　　　　　　　　　（　　）
3. 张爷爷在工作的时候，对路人的态度都很好。　　　　（　　）
4. 张爷爷退休以后，还在这条街道上扫马路。　　　　　（　　）
5. 张爷爷把自己省下来的钱都捐给了需要的人。　　　　（　　）

（三）听后回答

张爷爷是个怎样的人？

口语句式

一 常用句式

1. 从此我们居住的这条街上再也看不到那个熟悉的身影了。

"再也不/没"表示从今以后不再发生或从过去某一时刻到现在一直没有发生。如：

（1）从今天开始我再也不抽烟了。
（2）他回国以后，我们再也没有见过面。

2. 我还知道他从未结过婚,一直是孤身一人。

　　"从未V过"表示从来没有做过某事。如:

(1) 大学四年,她上课从未迟到过。

(2) 和他结婚? 我从未考虑过。

3. 张爷爷去世以后,作为一个普通人的他竟然登上了报纸。

　　"竟然"表示发生的事情出乎意料。如:

(1) 我没想到从她嘴里竟然说出这种话来。

(2) 几年没见,他竟然连我的名字都记不起来了。

4. 他赞助给贫困学生的钱,整整三十五万元。

　　"整整"表示达到一个整数,强调数量之多。如:

(1) 我在北京住了整整十年了。

(2) 这篇文章我整整写了一夜。

二 句式练习

1. 用"再也不／没"造句:

　　(1) _____

　　(2) _____

　　(3) _____

2. 用"从未V过"造句:

　　(1) _____(想)

　　(2) _____(答应)

　　(3) _____(出事故)

3. 用"竟然"描述一件事情:

　　_____

　　_____

4. 用"整整"造句:

　　(1) _____(三个月)

(2) _____（一百万元）

(3) _____（六十岁）

文化知识

一　请你说说

1. 在你们国家，有没有老年公寓或者类似的养老机构？
2. 当你进入老龄阶段，你希望怎样解决自己的养老问题？

二　阅读短文，回答问题

随着中国社会逐步走向老龄化，专门为老年人设计的老年公寓在中国各地纷纷建立起来。

这家老年公寓最突出的特色是酒店式管理和家庭式服务，使公寓成为老年人的温馨居所。公寓设施都是按照老年人的生理特点设计的：地热供暖，楼道与卫生间都有双向扶手，卧室与卫生间都配有紧急呼叫系统，遇到紧急情况，一按铃就有医护人员前来帮助。公寓内每层都有餐厅，提供早中晚三餐，老人不用出楼甚至不用下楼就能解决吃饭问题。公寓内还有理发室、公共洗衣间、医务室、阅览室、健身房、棋牌室等，最大程度满足入住老人对生活、医疗、学习、娱乐等各方面的需求。为了活跃老年人的精神文化生活，老年公寓还成立各种兴趣小组，并组织舞会、郊游、采摘及各类讲座，让入住的老人在这里过上充实的晚年生活。

老年公寓附近还有一家医院，公寓内也对生活半自理和无自理能力的老人提供多方面的服务。

老年公寓人性化的服务，使老人感受到儿女般的亲情，也让把他们托付给老年公寓的子女放心。

老龄化（动）lǎolínghuà：指人口的年龄结构变老。

老年公寓 lǎonián gōngyù：适合老年人居住的公寓。

温馨（形）wēnxīn：温暖。

生理（名）shēnglǐ：人的生命活动和体内各器官的功能。

郊游（动）jiāoyóu：到郊区游玩。

自理（动）zìlǐ：照顾自己。

人性化（动）rénxìnghuà：设法使符合人性的要求。

托付（动）tuōfù：委托别人照料或办理。

读后回答

1. 为什么在中国老年公寓越来越多？
2. 请介绍老年公寓的主要特点。

拓展练习

一 调查报告

以PPT的形式汇报本组对几位老人的采访，介绍他们的晚年生活，以及他们对今后生活的希望。

二 课堂讨论

中国古代哲学家孟子说过："老吾老以及人之老，幼吾幼以及人之幼。"请了解这两句话的含义，并谈谈自己的看法。

三 三分钟演讲

从下列题目中选择一个，做三分钟演讲。
1. 我做义工的一段经历
2. 我敬佩的一位老人

第 3 课 中国的饮食文化

听力录音

听说（一）

家乡的面

课前准备

  一 词语

1-1

1	饮食*	yǐnshí
2	炸	zhá
3	酱	jiàng
4	削	xiāo
5	菜系*	càixì
6	刺激	cìjī
7	食欲	shíyù
8	穿越	chuānyuè
9	偏爱*	piān'ài
10	品尝*	pǐncháng
11	展示	zhǎnshì
12	独具特色*	dújù-tèsè

第 3 课　中国的饮食文化

13	首屈一指	shǒuqū-yìzhǐ
14	家喻户晓*	jiāyù-hùxiǎo
15	津津有味*	jīnjīn-yǒuwèi
16	必不可少	bìbùkěshǎo
17	上瘾*	shàng yǐn
18	美食*	měishí
19	调料	tiáoliào
20	风味*	fēngwèi
21	体验	tǐyàn
22	辣椒	làjiāo
23	拌	bàn
24	面码儿	miànmǎr
25	豆芽儿	dòuyár
26	青蒜	qīngsuàn
27	末儿	mòr
28	冬菜	dōngcài
29	蒜	suàn
30	葱	cōng
31	花椒	huājiāo
32	美味*	měiwèi
33	佳肴*	jiāyáo
34	面团	miàntuán
35	特制	tèzhì
36	不知不觉*	bùzhī-bùjué

29

二 课堂小组交流

1. 下面是中国各地有代表性的面条儿，你吃过哪几种？请准确朗读，了解相关知识，在小组中进行交流。

   (1) 炸酱面　　　　(2) 担担面
   (3) 刀削面　　　　(4) 拉面

2. 下面是有关中国历史或地理方面的专有名词，请标出拼音并准确朗读，谈谈自己了解的相关知识。

   (1) 清朝　　　　(2) 四川　　　　(3) 山西
   (4) 甘肃　　　　(5) 兰州

三 小调查

以小组为单位，去学校附近一家有一定规模的饭馆儿调查，了解其所属菜系、最具代表性的菜品、味道和制作方法等，将调查结果整理出来，并在班里汇报。

词语理解

 一 听对话，回答问题

1. 女士的家乡菜为什么大多是辣的？
2. 为什么现在影视剧里面有很多穿越的情景？
3. 女士更爱吃什么面？
4. 男士为什么不愿意品尝超市里的免费食品？
5. 女士为什么没买好吃的食品回来？

 二 选出与所听到的句子意思相近的一项

1. A. 这里的工艺品虽然没有什么特色，可是你在别处买不到。
   B. 这里的工艺品与众不同，在别处你买不到。
   C. 这里的工艺品各有各的特点，在别处也可以买到。　　　　(　　)

第3课　中国的饮食文化

2. A. 这所学校的教学水平在我们国家是最高的。
   B. 这所学校的教学方法在我们国家是最有特色的。
   C. 这所学校综合水平在我们国家排名第一。　　　　　　　　（　）

3. A. 对新的交通规则要去每一个家庭宣传，让所有人都知道。
   B. 对新的交通规则要努力宣传，让大家记住每一条规定。
   C. 对新的交通规则要大力宣传，让大家都知道。　　　　　　（　）

4. A. 他什么都爱吃，吃什么都那么香。
   B. 人在饿的时候就会有食欲，吃什么都那么香。
   C. 他太爱吃这些东西了，吃起来是那么香。　　　　　　　　（　）

5. A. 在学开车之前，要先了解交通规则。
   B. 在交通规则的考试通过以后，才能学习开车技术。
   C. 在交通规则的考试通过以后，才能在马路上开车。　　　　（　）

三　用三至五句话回答问题，并使用画线词语

1. 对你来说，做什么事情会<u>上瘾</u>？
2. 你最喜欢的家乡<u>美食</u>是什么？
3. 你做菜的时候，喜欢放什么<u>调料</u>？
4. 你喜欢什么<u>风味</u>的中国小吃？
5. 你有没有<u>体验</u>过自己做中国菜？感觉怎么样？

语句理解

一　听录音，跟读句子，并用画线词语各说一句话

1-4

1. 山西人<u>爱</u>吃醋，无锡人<u>好</u>食甜，湖南、四川人<u>喜</u>辣椒。
2. 老北京的美食<u>当数</u>全聚德的烤鸭。
3. 这时候吃烤鸭，没有肥腻感<u>才怪</u>呢。
4. 臭豆腐<u>闻</u>着臭，<u>吃</u>起来却是香的。
5. 到了现当代，北京<u>依然</u>是一个充满活力的城市。

二 听录音，跟读句子，并解释画线词语

1-5

1. 这种运动<u>风行一时</u>，老人孩子都喜欢。
2. 发生这一悲剧的<u>罪魁祸首</u>，其实就是我们都太爱面子了。
3. 他对玩儿这种游戏<u>乐此不疲</u>，常常一玩儿就是一宿。
4. 这里的风景太美了，来这里游玩的人大多<u>流连忘返</u>，舍不得离去。

语段理解

一 内容提示

中国不同地方的面条儿都有各自独特的风味，无论是在做法还是用料方面都不同。下面是来自不同地方的学生对自己家乡面条儿的介绍。

二 听对话，做练习

1-6

（一）听第一遍录音，判断正误

1. 去吃炸酱面要穿上清朝的衣服。　　　　　　　　　　　　（　　）
2. 担担面是辣的。　　　　　　　　　　　　　　　　　　　（　　）
3. 刀削面是用切菜的刀削出来的。　　　　　　　　　　　　（　　）
4. 拉面是用手拉成的面条儿。　　　　　　　　　　　　　　（　　）

（二）听第二遍录音，填表

名　称	所属地区	特　点
炸酱面		
担担面		
刀削面		
拉　面		

（三）听后回答

1. 介绍你喜欢吃的某一种中国面条儿。
2. 介绍你们国家的一种面条儿或者类似面条儿的食物，并与中国的面条儿做对比。

口语句式

一 常用句式

1. 担担面好吃就好吃在面的调料上。

"A就A在"强调事物的特点或事情发生的原因。如：

（1）这件衣服漂亮就漂亮在颜色上。
（2）你呀，不该说的话说得太多，倒霉就倒霉在这张嘴上。

2. 再加上花椒面儿、辣椒油，别提多香了。

"别提多……了" 表示程度极高，有感叹的语气。替换的词语一般为形容词或表示心理活动的动词。如：

（1）他要结婚了，心里别提多高兴了。
（2）看到大家都这样热心地帮助他，他心里别提多感动了。

3. 要是从技术上看，我们山西的刀削面那可算是首屈一指呢。

"从……看"强调某一范围，后面是分析所得的结论。如：

（1）从学术水平看，这所大学在中国是名列前茅的。
（2）从目前的状况看，他的病情已趋于稳定。

4. 提到技术表演，我们甘肃的兰州拉面也算一个。

"算一个"表示列入某一范围。主语若是某人，也可以放在"算"和"一个"的中间。如：

（1）说到美食，我们上海的小笼包可以算一个。
（2）A：我们想成立一个乐队。
　　 B：太好了，算我一个吧。

二　句式练习

1. 用"A就A在"造句：

   （1）_____（好）

   （2）_____（厉害）

   （3）_____（聪明）

2. 用"别提多……了"从正反两个方面回答问题：

   （1）你们老板对员工怎么样？
   _____
   _____

   （2）她做的菜味道还行吗？
   _____
   _____

   （3）昨晚的电影有意思吗？
   _____
   _____

3. 完成句子：

   （1）从小偷儿的作案时间看，_____

   （2）从这家商场近几年的销售额看，_____

   （3）从他的写作水平看，_____

4. 用"算一个"完成对话：

   （1）A：哪些菜能够体现四川菜的特点？

   　　B：_____

   （2）A：咱们组织一个足球队跟二班比赛怎么样？

   　　B：_____

   （3）A：我们打算这个暑假去敬老院做义工。

   　　B：_____

第 3 课　中国的饮食文化

听说（二）

吃与文化

课前准备

2-1

1	谐音	xiéyīn
2	心理	xīnlǐ
3	构筑*	gòuzhù
4	融会*	rónghuì
5	长命百岁	chángmìng-bǎisuì
6	时分	shífēn
7	组成	zǔchéng
8	讲究	jiǎngjiū
9	象征	xiàngzhēng
10	祝福	zhùfú
11	长久	chángjiǔ
12	辞旧迎新	cíjiù-yíngxīn
13	百年好合	bǎinián-hǎohé
14	早生贵子	zǎoshēngguìzǐ
15	粥	zhōu
16	古话	gǔhuà

17	食	shí
18	相交	xiāngjiāo
19	年糕	niángāo
20	长寿	chángshòu
21	大喜	dàxǐ
22	婚宴	hūnyàn
23	菜肴*	càiyáo
24	动脑筋	dòng nǎojīn
25	百合	bǎihé
26	糕点*	gāodiǎn
27	新婚	xīnhūn
28	夫妇	fūfù
29	枣	zǎo
30	花生	huāshēng
31	桂圆	guìyuán
32	莲子	liánzǐ
33	祝愿	zhùyuàn

二 课堂讨论

"子时"指一天的哪个时间段？请说说中国古代的计时方法。

三 课堂小组交流

谐音是汉语的一种语言现象，利用浅显的词语表达与之发音相同或相近的抽象词语的含义，比如用"年年有鱼"的"鱼"表示"年年有余"中生活富余的"余"等。请找出十个自己所学词语中的谐音词语，并在小组中交流。

四 成段叙述准备

利用视频、PPT以及相关的网络资源，有条件的也可以用实物，介绍自己所了解的中国某一种饮食文化。

五 三分钟演讲准备

以"中国人爱吃某种食品的文化心理分析"为题，做三分钟演讲准备，可与自己国家的人进行比较分析。

词语理解

一 听句子，选择正确的词语

1. 这种不求进步的_____影响着你的学习成绩。　　　　　　（心灵　心理）
2. 学校各部门都在开展各项体育活动，_____校园体育文化。（构筑　构造）
3. 此次中华传统小吃大赛_____了中国各地的饮食文化。　　（融会　融合）
4. 祝您身体健康，_____百岁。　　　　　　　　　　　　　（长命　长寿）
5. 梦醒_____，她似乎还沉浸于梦中没有完全醒过来。　　　（时分　时候）

二 用三至五句话回答问题，并使用画线词语

1. 你们国家的国旗，是由什么颜色或者图案<u>组成</u>的？说说国旗的设计意图。
2. 吃北京烤鸭有什么<u>讲究</u>？
3. 请说出某种动物在你们国家的语言中<u>象征</u>什么。
4. 在中国，老人过生日的时候，人们会给他们什么<u>祝福</u>？
5. 在语言学习方面，你有什么<u>长久</u>的打算？

三 解释词语，并说说这些词语的使用场合

1. 辞旧迎新　　　　　2. 百年好合
3. 早生贵子　　　　　4. 长命百岁

语句理解

一 听录音，跟读句子，并说说画线词语的意思

嗳，那天我<u>睠</u>你去了，你没在家，我<u>溜溜儿</u>等你半天，你<u>压根儿</u>也没露面。得了，我也<u>撒丫子颠儿</u>了。

二 听录音，复述并解释儿歌的意思，讨论与之相关的年节文化

孩子孩子你别馋，过了腊八就是年。
腊八粥，喝几天，哩哩啦啦二十三。
二十三，糖瓜粘；二十四，扫房子；
二十五，磨豆腐；二十六，割年肉；
二十七，杀公鸡；二十八，把面发；
二十九，蒸馒头；三十晚上熬一宿；
大年初一扭一扭。

语段理解

一 内容提示

中国人对吃很重视，对于吃什么、怎么吃、什么时候吃、为什么要吃某种食物等，都是有讲究的，我们称之为中国的饮食文化。通过下面这些食品的介绍，就可以了解中国人在饮食文化方面的一些特点。

二 听短文，做练习

（一）听第一遍录音，填空

1. 中国有一句古话，叫作"＿＿＿＿＿＿＿＿＿＿＿＿＿＿＿"。

2. 要了解中国的饮食文化，就要了解中国人在吃的方面的＿＿＿＿＿＿＿＿＿＿。

第 3 课　中国的饮食文化

3. 新年吃鱼代表的是"＿＿＿＿＿＿＿"的意思。

4. 面条儿要做得又细又长，称之为"＿＿＿＿＿＿"。

5. 婚宴上，要有以百合为原料做的菜或糕点，取"＿＿＿＿＿＿＿"之意。

（二）听第二遍录音，判断正误

1. 中国古代的"子时"指的是现在半夜12点前后。　　　　（　　）
2. 中国人要等到半夜才能吃饺子。　　　　　　　　　　　（　　）
3. 中国人现在过生日和西方一样，吃生日蛋糕，不吃面条儿。（　　）
4. 新婚夫妇喝的粥里，要放上红枣、花生、桂圆和莲子，取"早生贵子"
   之意。　　　　　　　　　　　　　　　　　　　　　　（　　）
5. "百年好合"的意思是希望夫妻都能活到一百岁。　　　（　　）

（三）听后复述

| 民以食为天 | 春节 | 饺子 | 子时 | 辞旧迎新 | 年糕 | 谐音 |
| 年年有余 | 面条儿 | 长命百岁 | 长寿 | 百年好合 | 早生贵子 |

口语句式

一　常用句式

1. 对于吃什么、怎么吃、什么时候吃、为什么要吃某种食物等，都是<u>有讲究</u>的。

"有讲究"是指有一定的规则、方法、注意事项等。"有"和"讲究"之间可以插入其他成分。如：
（1）中国人过年吃饺子是有讲究的。
（2）给朋友送花儿是有一定的讲究的。

2. 新的一年和过去的一年相交于子时，所以<u>把</u>这一时刻吃的食物<u>称为</u>"交子"。

"把……称为……"意思是"把……叫作……"。如：
（1）人们把学习特别优秀的学生称为"学霸"。
（2）现在人们把身材高大、家里有钱、长得英俊的小伙子称为"高富帅"。

3. 现在人们在过生日的时候，大多模仿西方的习惯，吃生日蛋糕。

"大多"意思是"大部分"或"大多数"。如：

（1）我们班的学生大多来自亚洲。

（2）这所中学实验班的学生大多是全国中学生数理化大赛的获奖者。

4. 中国人在准备婚宴上的菜肴时，也是要动一番脑筋的。

"动一番脑筋"意思是"好好儿想一想"。如：

（1）这道题还是很难的，要做出来，是需要动一番脑筋的。

（2）怎么帮他办好这次生日晚会，我们可是动了一番脑筋的。

二 句式练习

1. 在你们国家，招待客人的时候有什么讲究？

   _____
   _____
   _____

2. 用"把……称为……"造句：

   （1）_____
   （2）_____

3. 用"大多"介绍一下儿你们班、你们学校、你居住的城市的某些特点：

   _____
   _____
   _____

4. 哪一件事是你"动了一番脑筋"做成功的？

   _____
   _____
   _____

第 3 课　中国的饮食文化

文化知识

一　请你说说

1. 你吃过哪些中国菜？给你印象最深的中国菜是什么菜？
2. 你会自己做菜吗？你的拿手菜是什么菜？

二　阅读短文，回答问题

　　世界上很多人都喜欢吃中国菜，但只是知道一些菜的名字，不清楚这些菜是属于哪个菜系的。中国幅员辽阔，每个地区几乎都有自己的菜系，最著名的菜系是四川菜、山东菜、淮扬菜和广东菜，简称川菜、鲁菜、苏菜和粤菜，被人们称为中国的"四大菜系"。四大菜系各有各的风格，爱好美食的"吃货"可以选择适合自己口味的菜品尝。

　　川菜发源于四川，最大的特点是调料多样。川菜大多离不开辣椒、胡椒、花椒和姜，做出来的菜常常带有麻辣的味道，像鱼香肉丝、麻婆豆腐等。在中国，有"四川人怕不辣"的说法，如果你喜欢吃辣的，川菜是不可不尝的。

　　鲁菜讲究丰盛、实惠。鲁菜发源于山东，很注重用汤调味，也常常用葱，这大概跟山东人爱吃葱有关吧。鲁菜吃起来清香、鲜嫩。葱烧海参、糖醋鲤鱼等是代表菜。

　　苏菜又称淮扬菜，发源于江苏的淮安、苏州、扬州等地，最大的特点是制作精细，做菜注重保持原汁原味。这一带盛产各种河鲜，所以菜中河鲜比较丰富。代表菜有盐水鸭、鸡汤煮干丝等。

　　如果想吃得新奇，那你一定要选择粤菜。粤菜发源于广东，最大的特点是食材丰富。调味多用有地方特色的蚝油、虾酱、红醋等。代表菜有蚝油牛肉、盐火焗鸡等。

幅员（名）fúyuán：领土面积。

淮扬（名）Huái-Yáng：指淮安、苏州、扬州一带。

吃货（名）chīhuò：原指光吃饭不干活的人，现也指喜欢吃的人。

麻婆豆腐 mápó dòufu：菜名。四川成都陈麻婆做的豆腐味道好吃，因而以她的名字命名。

丰盛（形）fēngshèng：指物质丰富。

实惠（形）shíhuì：指有实际的好处，物美价廉。

盛产（动）shèngchǎn：大量出产。

焗（动）jú：一种利用蒸汽使密闭容器中食物变熟的烹调方法。

读后回答

1. 四大菜系分别发源于哪里？各自有什么特点？代表菜有哪些？
2. 你吃过哪一菜系的菜？你觉得味道怎么样？

拓展练习

一 成段叙述

1. 介绍中国某一种食物及其饮食文化。
2. 介绍一种中国菜的制作方法。

二 调查报告

汇报对某一家饭馆儿的调查结果，包括这家饭馆儿属于哪个菜系，最具代表性的菜品是什么，味道怎么样，制作方法有什么特色等。

三 三分钟演讲

以"中国人爱吃某种食品的文化心理分析"为题，做三分钟演讲。

第 4 课　人类的朋友

听力录音

听说（一）

要是我有钱

课前准备

一　词语

1-1

1	宠物*	chǒngwù
2	喂养*	wèiyǎng
3	收养*	shōuyǎng
4	微弱*	wēiruò
5	清理	qīnglǐ
6	颤抖	chàndǒu
7	凝视*	níngshì
8	玩耍*	wánshuǎ
9	逗弄*	dòunòng
10	眼神*	yǎnshén
11	求助	qiúzhù
12	流浪	liúlàng

43

13	瑟瑟发抖	sèsè-fādǒu
14	兴高采烈*	xìnggāo-cǎiliè
15	可怜巴巴	kěliánbābā
16	酒足饭饱	jiǔzú-fànbǎo
17	恶作剧*	èzuòjù
18	歉疚*	qiànjiù
19	传递*	chuándì
20	挣（钱）	zhèng（qián）
21	可口	kěkǒu
22	纯净	chúnjìng
23	偶尔	ǒu'ěr
24	浓	nóng
25	爱意	àiyì
26	入睡*	rùshuì
27	陪伴*	péibàn
28	角落	jiǎoluò
29	行人	xíngrén
30	略	lüè
31	凄惨	qīcǎn
32	随之	suí zhī
33	定期	dìngqī
34	梳洗	shūxǐ

第4课　人类的朋友

二　成段叙述准备

1. 我为什么（不）喜欢在家里养宠物？
2. 动物是人类的好朋友，我们应该如何与动物相处？

词语理解

 一　听句子，选择正确的词语

1-2

1. 多年前老人 _____ 的残疾儿童，现在已经18岁了。　　（喂养　收养）
2. 刮倒的大树下面传来 _____ 的呼救声。　　　　　　　（微弱　微小）
3. 请把这几间宿舍 _____ 一下儿。　　　　　　　　　　（料理　清理）
4. 那只小鸟在寒风中不停地 _____ 。　　　　　　　　　（发抖　颤抖）
5. 他 _____ 着墙上爷爷的画像，心里有很多话想对爷爷说。（凝神　凝视）
6. 孩子每天放学回家，都要和家里的小狗一起 _____ 。　（玩耍　逗弄）
7. 看到姑娘 _____ 的眼神，他忽然明白发生了什么。　　（救助　求助）

  二　选出与所听到的句子意思相近的一项

1-3

1. A. 看到流浪狗冻得浑身发抖，她就把狗抱回了家。
   B. 看到流浪狗病得浑身发抖，她就把狗抱回了家。
   C. 看到流浪狗不停地发抖，她就把狗抱到了救助站。　　　　（　　）

2. A. 我们的球队得了亚军，全场观众热烈得唱起歌来。
   B. 我们的球队得了冠军，全场观众兴奋得连唱带跳。
   C. 我们的乐队得了冠军，全场观众都兴奋得又喊又叫。　　　（　　）

3. A. 老师为了鼓励她，不忍心给她不及格的分数。
   B. 老师看她的样子很可怜，就让她及格了。
   C. 老师虽然觉得她很可怜，但还是没让她及格。　　　　　　（　　）

4. A. 喝完酒，我们又一起去打球了。
   B. 吃完饭，我们又一起去跳舞了。
   C. 吃饱喝足以后，我们又一起去唱歌了。   （   ）

5. A. 不要相信他的话，那只是同学们表演的一场闹剧。
   B. 你不要听他的话，那只是他和同学们创作的喜剧。
   C. 不要相信他的话，那只是同学们开的玩笑。   （   ）

三 用三至五句话回答问题，并使用画线词语

1. 当你做错事情时，你会怎样表达自己的<u>歉疚</u>？
2. 看到校园里有一只<u>流浪</u>猫，你会怎么做？
3. 在没有网络的年代，你们国家是怎样<u>传递</u>消息的？
4. 如果大学毕业后你没有找到正式工作，你如何<u>挣</u>钱维持生活？
5. 请朋友吃饭，你会在家做一桌<u>可口</u>的饭菜招待朋友还是去饭馆儿吃？为什么？
6. 如果在家里养<u>宠物</u>，你打算养什么？为什么？

语句理解

一 听录音，填空并朗读

1-4

1. 人有不同个性，猫，又 _____ 不是？
2. 谁说沟通一定需要 _____ 人言兽语？其实，那沉默的肢体表情可以有千万种不同的变化，可以 _____ 极其细微的讯息。黑黑，这只与我们共处了11年的猫，就是这样与我们 _____ 的。
3. 每当月色如水，在有风的阳台上，人和猫常常这样安静地站着，彼此静静地传达着许多讯息，关于 _____ ，关于 _____ ，以及，关于 _____ ……

二 听录音，跟读句子，并用画线词语各说一句话

1-5

1. 为了能考出好成绩，大家都在<u>全力以赴</u>地做着高考前的冲刺准备。
2. 我<u>满怀歉疚</u>地看着被我撞伤的小女孩儿，不知该怎么安慰她才好。

3. 每当父母为一点儿小事争吵起来，小丽总是<u>作壁上观</u>，静静地在一边看书。
4. 我家的猫<u>善解人意</u>，在我写作的时候总是静静地卧在我身边，从不吵闹。

语段理解

一　内容提示

要是你有钱，你会养宠物吗？要是你有更多的钱，你会收养流浪动物吗？你会跟爱心人士共同成立流浪动物救助站吗？

二　听短文，做练习

1-6

（一）听第一遍录音，填空

1. 等它"酒足饭饱"之后，我会和它一起 ＿＿＿＿，逗弄它，偶尔给它搞个小小的 ＿＿＿＿。
2. 要是我有更多的钱，我想 ＿＿＿＿ 几只生活在学校不同 ＿＿＿＿ 的流浪猫。
3. 从它们微弱的略带 ＿＿＿＿ 的叫声中，可以感受到它们的 ＿＿＿＿。
4. 我要亲自给它们做 ＿＿＿＿ 的饭菜，定期给它们 ＿＿＿＿。

（二）听第二遍录音，判断正误

1. "我"每天下课回来都要把它吃饭的地方打扫干净。　　　（　）
2. 等它喝了酒吃了饭以后，"我"会和它一起玩儿。　　　（　）
3. "我"偶尔会跟它开上一个玩笑。　　　（　）
4. "我"每次在食堂吃完饭，都给那些流浪猫买一些吃的东西。（　）

（三）听后回答

说说"我"想象中能为宠物猫、流浪猫所做的事情。

47

口语句式

一 常用句式

1. 看着它兴高采烈地扑向"食堂"，连吃带喝。

"连……带……"表示两种动作同时发生。如：
（1）孩子连蹦带跳地跑进屋来。
（2）儿子病得很厉害，不吃不喝，连哭带闹。

2. 偶尔给它搞个小小的恶作剧。

"偶尔"表示有时候，跟"经常"相对，强调次数少。如：
（1）他喜欢书法，偶尔也画上几幅山水画。
（2）我们接触很少，偶尔在校园里见上一面。

3. 看到它们在风雪中躲在墙角瑟瑟发抖的样子，我的心也会随之颤抖。

"随之"表示因为某件事的发生而导致其他事发生。如：
（1）由于寒流的提前到来，明天气温也会随之下降。
（2）受地震的影响，海啸有可能随之发生。

4. 如果我有足够的钱，何不给它们一个温暖的家呢？

"何不"表示"为什么不"，带有反问语气，多用于书面语。如：
（1）你做饭做得那么好，何不在那里开一家中国饭馆儿呢？
（2）很多公司都需要这方面的人才，你何不找一家公司去面试一下儿？

二 句式练习

1.用"连……带……"造句：
（1）＿＿＿＿＿＿＿＿＿＿＿＿＿＿＿＿＿＿＿＿＿＿＿＿＿＿（说，唱）
（2）＿＿＿＿＿＿＿＿＿＿＿＿＿＿＿＿＿＿＿＿＿＿＿＿＿＿（打，骂）
（3）＿＿＿＿＿＿＿＿＿＿＿＿＿＿＿＿＿＿＿＿＿＿＿＿＿＿（滚，爬）

2.用"偶尔"完成句子：
（1）他数学成绩很好，几乎每次考试都得第一，＿＿＿＿＿＿＿＿＿＿

（2）这里冬天十分干旱，＿＿＿＿＿＿＿＿＿＿＿＿＿＿＿＿＿＿＿＿

（3）爸爸工作非常忙，周末也总是加班，＿＿＿＿＿＿＿＿＿＿＿＿

3. 用"随之"造句：

（1）＿＿＿＿＿＿＿＿＿＿＿＿＿＿＿＿＿＿＿＿＿＿＿＿＿（变化）

（2）＿＿＿＿＿＿＿＿＿＿＿＿＿＿＿＿＿＿＿＿＿＿＿＿＿（到来）

（3）＿＿＿＿＿＿＿＿＿＿＿＿＿＿＿＿＿＿＿＿＿＿＿＿＿（紧张）

4. 用"何不"改写句子：

（1）那里冬天很暖和，为什么不考虑去那里过冬呢？

＿＿＿＿＿＿＿＿＿＿＿＿＿＿＿＿＿＿＿＿＿＿＿＿＿＿＿＿＿＿

（2）现在按国家政策可以生二胎，你们可以考虑再生一个呀！

＿＿＿＿＿＿＿＿＿＿＿＿＿＿＿＿＿＿＿＿＿＿＿＿＿＿＿＿＿＿

（3）孩子英语成绩不好，应该给他找一个家庭教师。

＿＿＿＿＿＿＿＿＿＿＿＿＿＿＿＿＿＿＿＿＿＿＿＿＿＿＿＿＿＿

听说（二）

学校里的"学术猫"

课前准备

一 词语

1	占据	zhànjù
2	通晓*	tōngxiǎo

3	特意	tèyì
4	思考	sīkǎo
5	耍弄*	shuǎnòng
6	不速之客	búsùzhīkè
7	一席之地	yìxízhīdì
8	不同寻常	bùtóng-xúncháng
9	习以为常	xíyǐwéicháng
10	轻描淡写	qīngmiáo-dànxiě
11	个性*	gèxìng
12	理科	lǐkē
13	学科	xuékē
14	数一数二	shǔyī-shǔ'èr
15	荣耀	róngyào
16	相处*	xiāngchǔ
17	趴	pā
18	学府	xuéfǔ
19	堂而皇之	táng'érhuángzhī
20	眨	zhǎ
21	盯	dīng
22	书写*	shūxiě
23	沉思	chénsī
24	课间	kèjiān
25	抚慰*	fǔwèi

二 词语竞赛

全班分为两个小组，轮流说出带有"课"和"科"的词语，说出最多的小组获胜。

三 小调查

三至四人为一小组，调查五位朋友，了解他们对家里养宠物的看法，向全班汇报。

四 三分钟演讲准备

每个国家都有关于养宠物的规定，你们国家这方面的规定你了解多少呢？以PPT的形式做三分钟演讲准备。

词语理解

一 听对话，回答问题

1. 那家公司怎么样？
2. 男士为什么说自己比不过业务经理？
3. 女士的手套是在哪儿买的？
4. 球迷们是怎么批评他的？
5. 她为什么忽然哭起来了？
6. 男士的作文成绩为什么这么差？

二 选出与所听到的句子意思相近的一项

1. A. 联欢会上，大家正在唱歌跳舞，有一位客人慢慢走进了会场。
   B. 联欢会上，大家正在唱歌跳舞，忽然来了一位大家都不认识的人。
   C. 联欢会上，大家正在唱歌跳舞，突然走进来一位未受邀请的客人。

( )

2. A. 只有经过自己的不断努力，才能找到适合自己的工作。
   B. 只有经过自己的不断努力，才能在公司里找到属于自己的位置。
   C. 只有经过自己的不断努力，才能在公司里占据一个地方。（   ）

3. A. 学校里需要像你这样普通的教师。
   B. 学校里需要像你这样严厉的教师。
   C. 学校里需要像你这样不一般的教师。（   ）

4. A. 在我们这里，这样的天气并不常见。
   B. 在我们这里，这样的天气我们都已经习惯了。
   C. 在他们那里，这样的天气大家都以为是很平常的。（   ）

5. A. 你承认自己的错误时太不深刻，大家是不会原谅你的。
   B. 你三言两语就承认了自己的错误，大家一定会原谅你的。
   C. 你这么认真地承认错误，大家也未必会原谅你。（   ）

三 用三至五句话回答问题，并使用画线词语

1. 如果你是老师，你喜欢有<u>个性</u>的学生吗？为什么？
2. 文科和<u>理科</u>，你对哪一类学科更感兴趣？
3. 你们国家<u>数一数二</u>的大学是哪几所？
4. 介绍一件令你深感<u>荣耀</u>的事情。
5. 生活在集体宿舍里，怎样才能与同学友好<u>相处</u>？

语句理解

一 听记句子，并谈谈自己的认识

2-4

1. _____
2. _____
3. _____
4. _____
5. _____

第 4 课　人类的朋友

二　听记下面与猫有关的词语和句子，讨论其本义和引申义

2-5

1. _____　　　2. _____

3. _____　　　4. _____

5. _____

语段理解

一　内容提示

你听说过或见过在大学的教室里听教授讲课的猫吗？在我们的大学里，就有这样一只猫，它经常趴在教室的课桌上，安静地听教授讲课，与上课的学生和平相处，我们都叫它"学术猫"。

二　听短文，做练习

2-6

（一）听第一遍录音，判断正误

1. 学术猫没有经过任何考试就可以进入北大的教室听课。　　（　　）
2. 学术猫通晓各个学科的学问，什么课都能听懂。　　　　　（　　）
3. 同学们都很喜欢学术猫，上课时摸它两把，或者耍弄它。　（　　）
4. 同学们对学术猫来听课都已经习惯了。　　　　　　　　　（　　）

（二）听第二遍录音，回答问题

1. 学术猫与其他宠物有什么不同？

_____

_____

2. 同学们对学术猫来教室听课持什么态度？

_____

_____

（三）请你说说

假如我们的教室进来一只学术猫……

口语句式

一 常用句式

1. 不知从哪一天起，来了一位"学生"，谁都**说不上**它是哪个系的。

"说不上"表示因不够了解而不能准确说出。如：
（1）你问我那个学生英语好不好，这我还真说不上。
（2）每次去面试都失败，我也说不上问题出在哪里。

2. 有时眼睛会眨**都不**眨地盯着教授在黑板上书写的内容。

"V都不V"前后用同一个动词，有强调的作用。如：
（1）你就这么相信他，想都不想就按照他说的去做了？
（2）你们的警惕性太差了，问都不问就让他进来了。

3. 上课时，会**时不时**回头看上几眼。

"时不时"是时常、经常的意思，有时也指间断的、不连续的动作。如：
（1）他一直关心那位老人，时不时到她家去看望她。
（2）他时不时回头看看我，似乎对我有点儿眼熟。

4. 上课时，会时不时回头看**上几眼**。

"V+上+数量词"，表示动作达到一定的数量。如：
（1）每到冬天，他就到我家住上几个月。
（2）大家都爱吃螃蟹，每年秋天螃蟹上市的时候，我们都会买上几只尝尝。

二 句式练习

1. 用"说不上"造句：
（1）_____（中国历史）

第 4 课　人类的朋友

（2）_____（风俗习惯）

（3）_____（新朋友）

2. 用"V都不V"造句：

（1）_____（洗）

（2）_____（检查）

（3）_____（考虑）

3. 用"时不时"造句：

（1）_____（电影院）

（2）_____（包饺子）

（3）_____（敬老院）

4. 用下面的词语造句：

（1）_____（说上几句）

（2）_____（睡上一整天）

（3）_____（走上三四公里）

文化知识

一　请你说说

哪些人可以称作"动物保护主义者"？他们为了保护动物，会做哪些事情？

二　阅读短文，回答问题

常常有动物保护主义者看到街上、公园里四处流浪的猫啊，狗啊，就会生出怜悯之心，或带回家里收养，或送去宠物医院疗伤。如果看到小动物被送进饭馆儿、送上餐桌，就更加忍无可忍了。久而久之，建立流浪动物救助站的呼声越来越高。说归说，真要

怜悯（动）liánmǐn：对遭遇不幸的人或动物表示同情。

忍无可忍 rěnwúkěrěn：要忍受也无法忍受。

55

建立一座救助站可不是那么容易的事。

首先，需要一个合法机构的支持，得到一块土地，建造较大规模的猫舍、狗舍。在寸土寸金的现代城市中，很难找到这样的地方，只能向郊区发展。

其次，需要一大笔资金。这笔资金，光靠救助站的投资者是远远不够的，需要通过慈善机构的宣传来融资，还需要得到动物保护主义者以及广大市民的赞助。

第三，需要有喂养经验的管理者，包括厨师、医生、清洁工等，缺一不可。

第四，需要与社会爱心人士沟通，对那些身体健康的动物，尽快为它们找到寄养人家，否则，流浪动物越来越多，救助站也吃不消。

机构（名）jīgòu：指机关、团体等工作单位。
寸土寸金 cùntǔ-cùnjīn：指土地昂贵。

慈善（形）císhàn：对人关怀，富有同情心。
融资 róng zī：通过集资等方式使资金得以融合并流通。

吃不消（动）chībuxiāo：承担不起。

读后回答

1. 为什么要建立流浪动物救助站？
2. 建立流浪动物救助站需要具备什么条件？

拓展练习

一 成段叙述

1. 我为什么（不）喜欢在家里养宠物？
2. 动物是人类的好朋友，我们应该如何与动物相处？

二 查词典，学成语

找出五个带有"狗"字的成语，讨论为什么带有"狗"字的成语基本上都是贬义词。

三 调查报告

以PPT等形式，汇报关于"朋友对家中养宠物的看法"的调查结果。

四 三分钟演讲

介绍你们国家关于养宠物的规定以及和别的国家的不同之处。

五 小辩论

正方：人类可以穿用动物皮毛做的衣服。
反方：人类不应该穿用动物皮毛做的衣服。

第 5 课 战胜命运

听力录音

听说（一）

你是我的眼

课前准备

  词语

1-1

1	惊喜	jīngxǐ
2	出色*	chūsè
3	奖励	jiǎnglì
4	分辨	fēnbiàn
5	深情	shēnqíng
6	轻易	qīngyì
7	浩瀚	hàohàn
8	拥挤	yōngjǐ
9	吃力*	chīlì
10	征服*	zhēngfú
11	赞扬	zànyáng
12	培养	péiyǎng

58

13	自强不息	zìqiáng-bùxī
14	慷慨激昂	kāngkǎi-jī'áng
15	运用自如 *	yùnyòng-zìrú
16	微不足道 *	wēibùzúdào
17	不知所措 *	bùzhī-suǒcuò
18	天分	tiānfèn
19	人群	rénqún
20	驾	jià
21	遨游	áoyóu
22	身世	shēnshì
23	确认	quèrèn
24	盲人	mángrén
25	拉链 *	lāliàn
26	纽扣 *	niǔkòu
27	剪刀 *	jiǎndāo
28	笨拙 *	bènzhuō
29	操劳	cāoláo
30	领略	lǐnglüè
31	四季	sìjì
32	变换	biànhuàn
33	人潮	réncháo

二 课堂小组交流

介绍乐器萨克斯管及其演奏的美妙音乐。

三 成段叙述准备

介绍一个你所了解的励志的故事。

词语理解

一 听句子，选择正确的词语

1-2

1. 这孩子学习十分努力，每次考试都会给父母带来_____。　　（惊喜　欢喜）

2. 这是对你们出色地完成这次志愿者服务活动的_____。　　（鼓励　奖励）

3. 外面下起了大雨，马路对面的建筑都_____不清了。　　（分辨　辨别）

4. 她_____地望着我，一句话也没说。　　（热情　深情）

5. 只要有一点儿希望，我们就不会_____放弃。　　（轻松　轻易）

6. 他这一生唯一的朋友，就是图书馆那_____的书海。　　（浩大　浩瀚）

二 听对话，回答问题

1-3

1. 女士为什么很早就回来了？
2. 女士为什么要报考文科？
3. 那位歌星的演唱会为什么要加演两场？
4. 刘大夫在非洲工作得怎么样？
5. 女士是做什么工作的？

三 选出与所听到的句子意思相近的一项

1-4

1. A. 他们有强壮的身体，所以在奥运会上取得了优秀的成绩。
   B. 强大的国家使他们在奥运会上取得了优秀的成绩。
   C. 他们依靠自己，努力向上，在奥运会上取得了优秀的成绩。　　（　　）

第 5 课　战胜命运

2. A. 面对敌人的枪口，他无所畏惧，与敌人进行了激烈的辩论。
   B. 面对敌人的枪口，他激动地发表了人生第一次演讲。
   C. 面对敌人的枪口，他情绪激动地发表了人生最后一次演讲。（　）

3. A. 这本英语词典上的单词他都能背下来，而且能熟练地使用。
   B. 这本英语词典上的单词他都能背下来，而且都会拼写。
   C. 这本英语词典上的单词他都能背下来，而且都能翻译出来。（　）

4. A. 和大家做出的贡献相比，我出的力也不少。
   B. 和大家做出的贡献比起来，我的那点儿成绩不值一提。
   C. 和小王做出的贡献比起来，我的那点儿成绩我都不好意思说。（　）

5. A. 工厂里发生了安全事故，工人们急得跑回了家。
   B. 工厂里发生了安全事故，工人们急得不知怎么处理。
   C. 工厂里发生了安全事故，工人们不知道错在哪里。（　）

语句理解

一　听录音，填空，并用所填词语各说一句话

1-5

1. 读报纸、聊天儿、看电视，＿＿＿＿＿＿ 的事情很适合老年人。

2. 那一年正赶上经济危机，他＿＿＿＿＿ 丢掉了工作。

3. 施工给这里的居民带来了＿＿＿＿ 不便。

4. 不管你同意＿＿＿＿ ，这件事情就这么决定了。

5. 我同意不同意是另一回事，你＿＿＿＿ 应该事先告诉我。

二　在线听歌《你是我的眼》，分组讨论听后的感受

_____

_____

_____

语段理解

一 内容提示

在一次歌曲大赛中,他以一首《你是我的眼》获得了冠军。他的成功不仅是因为音乐上的天分,更是因为他以自己战胜命运的勇气感动了所有听他唱歌的人。

二 听短文,做练习

1-6

(一)听第一遍录音,填空

1. 如果我能看得见,就能 _____ 地分辨白天黑夜,就能 _____ 地在人群中牵住你的手;

   如果我能看得见,就能驾车带你到处 _____,就能惊喜地从背后给你一个 _____;

   如果我能看得见,生命也许完全不同,可能我想要的我喜欢的我爱的都不一样。

2. 你是我的眼,带我 _____ 四季的 _____;

   你是我的眼,带我 _____ 拥挤的 _____;

   你是我的眼,带我阅读 _____ 的书海;

   因为你是我的眼,让我看见这世界就在我眼前。

(二)听第二遍录音,回答问题

1. 当确认他是一个天生的盲人时,母亲是怎么做的?

   _____
   _____

2. 当发现他有出色的音乐天分时,母亲是怎么培养他的?

   _____
   _____

3. 在母亲的培养下,他在哪个方面获得了成功?

   _____
   _____

（三）听后讨论

总结这位盲人歌手的母亲所做的一切，并谈谈你的感受。

口语句式

一 常用句式

1. 人们第一次听到这首歌时，被慷慨激昂的歌声所征服。

"被……所+V"是被动句，用了"所"，后面的动词就不能再带其他成分，如果动词是双音节，"所"可省略。如：
（1）全场听众被他的演讲所吸引。
（2）大家被她的行为（所）感动。

2. 每当他吃力地学会一个新的生活本领，母亲都会给他赞扬和奖励。

"每当……都……"表示同样的情况发生时，结果都是一样的。如：
（1）每当我学习遇到困难的时候，他都会来帮助我。
（2）每当我暑假回家，妈妈都会做我最爱吃的饭菜。

3. 母亲耐心地帮他反复训练，直到运用自如。

"直到"表示事情一直延续到某个时间点。如：
（1）这件事直到今天我才知道。
（2）直到警察抓住了小偷儿，我的手机才找回来。

4. 比起学会做菜，摔碎盘子是微不足道的。

"比起"用于比较句，表示一事物与另一事物做对比。如：
（1）比起你来，我差远了，还是你更聪明。
（2）比起体育课的成绩，我的数学成绩实在是太糟糕了。

二 句式练习

1. 用"被……所+V"造句：
（1）_____（接受）
（2）_____（打动）
（3）_____（误解）

2. 完成句子：

(1) 每当下课的铃声响起，_____

(2) 每当太阳升起的时候，_____

(3) 每当我考了好成绩，_____

3. 完成句子：

(1) 直到雨停了，_____

(2) _____，直到比赛结束。

(3) 直到新学期开始了，_____

4. 完成句子：

(1) 比起上海的天气，_____

(2) 比起老虎，_____

(3) 比起你家孩子，_____

听说（二）

不屈的灵魂

课前准备

  词语

2-1

1	不屈	bùqū
2	乐曲	yuèqǔ
3	经典	jīngdiǎn
4	令人震撼	lìng rén zhènhàn
5	日渐	rìjiàn

第5课　战胜命运

6	衰弱	shuāiruò
7	宏伟	hóngwěi
8	执着	zhízhuó
9	喜悦	xǐyuè
10	激励	jīlì
11	流芳百世	liúfāng-bǎishì
12	追求	zhuīqiú
13	源泉	yuánquán
14	不朽	bùxiǔ
15	打击	dǎjī
16	曲	qǔ
17	气概	qìgài
18	开场	kāi chǎng
19	音符	yīnfú
20	敲打	qiāodǎ
21	心灵	xīnlíng
22	听觉	tīngjué
23	听力	tīnglì
24	篇章	piānzhāng
25	岂不	qǐ bù

二　查资料

以小组为单位，整理有关贝多芬的资料，并欣赏他的名作。

三 三分钟演讲准备

介绍你们国家一位著名的音乐家,并找来有关乐曲供大家欣赏。

词语理解

一 听记词语

1. _____   _____   _____
2. _____   _____   _____
3. _____   _____   _____

二 听对话,回答问题

1. 儿子为什么最近学习那么努力?
2. 老板为什么不接受他们的建议?
3. 人们为什么每年都要纪念这位女战士?
4. 女工们为什么那么开心?
5. 学校为什么每年都要评选三好学生?

三 用三至五句话回答问题,并使用画线词语

1. 你认为什么样的作品可以<u>流芳百世</u>?
2. 你把什么事情看成是自己一生的<u>追求</u>?
3. 什么是文学创作的<u>源泉</u>?
4. 纪念去世的人常常用"<u>永垂不朽</u>"这个词语,它的含义是什么?
5. 你的生活中曾经遭受过什么<u>打击</u>吗?

第5课 战胜命运

语句理解

 听录音，跟读句子，并进行讨论

2-4

1. 你要是个左撇子，那你就去做一个出色的左撇子吧。
2. 左撇子是遗传的还是环境造成的，科学家们至今尚无定论。
3. 左撇子的动作要比使用右手的人来得更为敏捷。

 听录音，连线

2-5

巴　赫	波　兰	代表作品《摇篮曲》等
舒伯特	德　国	代表作品《天鹅湖》等
肖　邦	俄罗斯	西方近代音乐之父
柴可夫斯基	奥地利	浪漫主义钢琴诗人

语段理解

一 内容提示

你喜欢听交响乐吗？你了解贝多芬和他演奏的乐曲吗？如果有交响乐团到你所在的城市来演出，你会去听吗？

 听对话，做练习

2-6

（一）听第一遍录音，填空

1. 从今晚开始，＿＿＿＿＿＿，都是欧洲经典名曲。

2. 每次听这首乐曲，都会有一种＿＿＿＿＿＿的感觉。

3. 还有最能代表贝多芬艺术风格的《命运交响曲》，我也是＿＿＿＿＿＿。

4. 不说别的，一开场那四声＿＿＿＿＿＿的音符，就敲打着我们的心灵。

5. 他战胜了命运，创作了＿＿＿＿＿＿的不朽篇章。

67

（二）听第二遍录音，判断正误

1. 王平最喜欢听贝多芬的《命运交响曲》。　　　　　　　　　　　　（　　）
2. 《英雄交响曲》表现的是宏伟的战争场面和战士的英雄气概。　　（　　）
3. 贝多芬二十多岁时，听力就完全丧失了。　　　　　　　　　　　　（　　）
4. 从贝多芬的交响乐中能够受到激励，获取奋斗的力量。　　　　　（　　）

（三）听后回答

听了贝多芬的故事，你学到了什么？

口语句式

一 常用句式

1. 从今晚开始，连演三场。

"连+V+数量词"指某一行为连续进行多次，或较长时间。如：
（1）他是真的饿了，端起碗来，连吃了三碗面。
（2）终于考完了，我要去电影院，连看三场电影。

2. 要是送上门来的交响乐听不了，岂不太可惜了？

"岂不（是）……"用于反问句，表示"难道不（是）……"。如：
（1）来到北京不去长城看看，岂不白来一趟？
（2）你答应了别人却不去做，岂不是没有信用了？

3. 看把你急得！

"看把你……得"是说话人觉得对方的某种行为表现过度或情感过分外露，用不着或不必到如此地步。如：
（1）A：我这次考试得了100分。
　　　B：看把你得意得！
（2）A：知道吗？我儿子考上北京大学了！
　　　B：看把你高兴得！

4. 太感谢你了。今天我说什么也得请你吃饭！

"说什么也得……"表示"无论如何一定要……"。如：

（1）今年暑假，我说什么也得去旅行。

（2）这件事是你不对，你说什么也得向她道歉。

二 句式练习

1. 用"连+V+数量词"造句：

（1）＿＿＿＿＿＿＿＿＿＿＿＿＿＿＿＿＿＿＿＿＿＿（喝，瓶）

（2）＿＿＿＿＿＿＿＿＿＿＿＿＿＿＿＿＿＿＿＿＿＿（睡，天）

（3）＿＿＿＿＿＿＿＿＿＿＿＿＿＿＿＿＿＿＿＿＿＿（跑，圈）

2. 完成句子：

（1）＿＿＿＿＿＿＿＿＿＿＿＿＿＿＿＿＿＿＿＿，岂不是太可笑了？

（2）＿＿＿＿＿＿＿＿＿＿＿＿＿＿＿＿＿＿＿＿＿＿，岂不矛盾？

（3）＿＿＿＿＿＿＿＿＿＿＿＿＿＿＿＿＿＿＿＿＿＿，岂不丢脸？

3. 用"看把你……得"组织对话：

（1）紧张

A：＿＿＿＿＿＿＿＿＿＿＿＿＿＿＿＿＿＿＿＿＿＿＿＿

B：＿＿＿＿＿＿＿＿＿＿＿＿＿＿＿＿＿＿＿＿＿＿＿＿

（2）激动

A：＿＿＿＿＿＿＿＿＿＿＿＿＿＿＿＿＿＿＿＿＿＿＿＿

B：＿＿＿＿＿＿＿＿＿＿＿＿＿＿＿＿＿＿＿＿＿＿＿＿

（3）忙

A：＿＿＿＿＿＿＿＿＿＿＿＿＿＿＿＿＿＿＿＿＿＿＿＿

B：＿＿＿＿＿＿＿＿＿＿＿＿＿＿＿＿＿＿＿＿＿＿＿＿

4. 用"说什么也得……"造句：

（1）＿＿＿＿＿＿＿＿＿＿＿＿＿＿＿＿＿＿＿＿＿＿（锻炼）

（2）＿＿＿＿＿＿＿＿＿＿＿＿＿＿＿＿＿＿＿＿＿＿（完成）

（3）＿＿＿＿＿＿＿＿＿＿＿＿＿＿＿＿＿＿＿＿＿＿（淘汰）

文化知识

一 请你说说

你们国家的人对捐献眼角膜的态度是什么？

二 阅读短文，回答问题

现在，捐献眼角膜在中国各地已经开展起来了。

眼角膜必须在人去世后捐献，但有捐献意向的人可以在生前办好捐献手续。如果死者属于意外去世，其家属同意也可以捐献。

捐献眼角膜是无偿的。自愿捐献者可以到所在地眼库索取登记表，明确填写"自愿"二字以及自己或家属的签名。登记表填好以后，自愿捐献者或家属与医院各存一份。

取眼角膜有很多限制条件，比如：

1. 必须出具死亡证明；

2. 检查是否患有传染疾病，如果患有艾滋病、恶性肿瘤以及某些眼部疾病，其眼角膜不能用于移植；

3. 去世的时间不能过长，一般在死后6小时以内，冬季可以在12小时以内，要根据环境因素来决定。

捐献眼角膜者年龄以6至60岁为好。

如用作医学科研则不受年龄和疾病的限制。

眼角膜（名）yǎnjiǎomó：黑眼珠表面的一层透明薄膜。

意向（名）yìxiàng：意图，打算。

生前（名）shēngqián：指死者还活着的时候。

无偿（形）wúcháng：不要代价的，不索取报酬的。

死亡证明 sǐwáng zhèngmíng：人死后由有关部门出具的证明。

艾滋病（名）àizībìng：一种死亡率极高的传染病。

恶性肿瘤 èxìng zhǒngliú：一种破坏性极大、能在体内转移的肿瘤，如癌症。

读后回答

1. 捐献眼角膜是否必须本人同意？
2. 捐献眼角膜有哪些限制条件？

第 5 课　战胜命运

拓展练习

一　小组报告

各小组将整理好的有关贝多芬的资料，通过PPT、音频或者视频等形式，向全班同学汇报。

二　成段叙述

介绍一个你所了解的励志的故事。

三　三分钟演讲

介绍你们国家一位著名的音乐家及其代表乐曲。

四　才艺比赛

分组合作，展示各组成员在艺术方面的才能以及综合编导能力。

第 6 课 戒烟与禁烟

听力录音

听说（一）

戒　烟

课前准备

  词语

1-1

1	戒（烟）	jiè（yān）
2	烟叶	yānyè
3	卷烟*	juǎnyān
4	狠命	hěnmìng
5	烟圈儿*	yānquānr
6	烟卷儿	yānjuǎnr
7	烟盒	yānhé
8	烟雾	yānwù
9	缭绕	liáorào
10	塞	sāi
11	鼓	gǔ
12	敬	jìng

第 6 课　戒烟与禁烟

13	毒	dú
14	致	zhì
15	叼 *	diāo
16	香烟	xiāngyān
17	融洽	róngqià
18	时兴	shíxīng
19	注入	zhùrù
20	静脉	jìngmài
21	下载	xiàzài
22	满不在乎 *	mǎnbúzàihu
23	烟袋锅子	yāndài guōzi
24	洋火 *	yánghuǒ
25	腮帮子 *	sāibāngzi
26	悠然自得	yōurán-zìdé
27	吵架	chǎo jià
28	身子 *	shēnzi
29	硬朗	yìnglang
30	品牌	pǐnpái
31	人体	réntǐ
32	视频	shìpín

二　课堂小组交流

如果你的亲友吸烟，你会建议他用什么办法戒烟？每组说出三种行之有效的方法。

三　成段叙述准备

介绍你或身边朋友的吸烟史、戒烟经过与方法。

词语理解

一　听句子，填空

1-2

1. 爷爷年轻的时候抽的是_____，后来就改抽_____了。
2. 他狠命地吸上一口，然后吐出一个又一个的_____。
3. 爸爸给客人递上_____，两个人一起抽了起来。
4. 我小时候喜欢收藏_____。
5. 他们一抽起烟来就弄得满屋子_____。

二　听句子，选择正确的词语

1-3

1. 小张往箱子里 _____ 进几件衣服。　　　　　　　　　（放　塞）
2. 孩子 _____ 起小嘴儿，用力吹了一口气。　　　　　（鼓　张）
3. 你帮了我的大忙，我得好好儿 _____ 你一杯。　　　（敬　干）
4. 这种植物是有毒的，吃上一口就可能 _____ 人死亡。（引　致）
5. 他嘴里 _____ 着一支香烟。　　　　　　　　　　　（叼　含）

三　听对话，回答问题

1-4

1. 公司新来的老板怎么样？
2. 女士为什么把裙子送给别人了？

3. 这种药怎么使用?
4. 怎样能得到这首歌的歌词?
5. 老师为什么叫女士去学校?

语句理解

一 听录音,跟读句子,并解释画线词语

1-5

1. 老听这一首歌曲,你不觉得<u>腻味</u>吗?
2. 她在穿着方面不太讲究,总认为<u>无伤大雅</u>。
3. 每天早上,他一定要去街心公园,和老朋友<u>说说闲话儿</u>聊聊天儿。
4. 一有了钱,老张就和几位老友找家饭馆儿,<u>大快朵颐</u>。
5. 你在<u>大方之家</u>面前做出这样的解答,不怕被人笑话吗?

二 听录音,跟读句子,并用画线词语各说一句话

1-6

1. 我们必须按学校的规定执行,谁也不能<u>例外</u>。
2. 他写的这篇论文得到了几位教授的<u>赏识</u>。
3. 李教授讲课很有意思,<u>不时</u>引起学生们的欢笑。
4. 你这算什么惊喜?我见得多了,一点儿也不<u>稀罕</u>。
5. 别在大家面前<u>做戏</u>了,没有人相信你的话。

语段理解

一 内容提示

爸爸吸烟很多年了,妈妈一直劝他戒烟,他却总是满不在乎。后来在老师的帮助下,我用科学的方法告诉爸爸吸烟的坏处,爸爸终于下决心戒烟了。

二 听短文，做练习

（一）听第一遍录音，判断正误

1. 爸爸吸烟是因为他的同事和朋友都喜欢吸烟。　　　　　　　　（　）
2. 爸爸觉得不吸烟会被周围的人瞧不起。　　　　　　　　　　　（　）
3. 爸爸认为吸烟的人寿命不比不吸烟的人短。　　　　　　　　　（　）
4. "我"喜欢收藏烟盒，所以"我"希望爸爸吸烟。　　　　　　　（　）

（二）听第二遍录音，回答问题

1. 爱吸烟的爸爸对妈妈的劝告是怎么辩解的？

2. "我"是用什么办法劝爸爸戒烟的？

（三）听后回答

为什么那段视频能让爸爸下决心戒烟？

口语句式

 常用句式

1. 吐出一个又一个烟圈儿。

"一+量词+又+一+量词"表示数量很多。如：
（1）5号运动员太厉害了，投了一个又一个三分球。
（2）她一进商店就买上瘾了，光裙子就买了一条又一条。

2. 你敬我一支，我敬你一支。

"你V我……，我V你……"强调互相做相同或者相应的动作。如：
（1）他们俩你说我一句，我说你一句，结果越吵越厉害。
（2）两个小朋友你拍我一下儿，我拍你一下儿，挺有趣。

第 6 课　戒烟与禁烟

3. 你看咱们邻居老张，又抽烟，又喝酒，活到九十多了，身子还不是硬硬朗朗的？

"还不是"用于反问句，表示肯定。如：

（1）我说你们踢不过他们你不信，非要去踢，还不是让人家踢了个二比零！

（2）很多人请人吃饭花钱大手大脚，还不是为了自己的面子！

4. 可是爸爸一只耳朵听，一只耳朵冒，根本听不进去。

"一只耳朵听，一只耳朵冒"表示听不进去。如：

（1）我多次劝她别学理科，可她一只耳朵听，一只耳朵冒，根本不听我的。

（2）这孩子上课不听讲，老师讲的内容他一只耳朵听，一只耳朵冒，总是记不住。

二 句式练习

1. 用"一+量词+又+一+量词"造句：

（1）_____（件）

（2）_____（支）

（3）_____（年）

2. 用"你V我……，我V你……"造句：

（1）_____（送）

（2）_____（帮）

（3）_____（打）

3. 用"还不是"造句：

（1）_____（加班）

（2）_____（清理）

（3）_____（捐款）

4. 用"一只耳朵听，一只耳朵冒"造句：

（1）_____（文凭）

（2）_____（单身）

（3）_____（减肥）

听说（二）

禁　烟

课前准备

  词语

2-1

1	禁（烟）	jìn（yān）
2	有害	yǒuhài
3	劝说	quànshuō
4	浑身	húnshēn
5	自在	zìzai
6	不顾	búgù
7	被动	bèidòng
8	一再	yízài
9	凑热闹*	còu rènao
10	顾及	gùjí
11	想方设法	xiǎngfāng-shèfǎ
12	无聊*	wúliáo
13	养成	yǎngchéng
14	场所	chǎngsuǒ
15	呛	qiàng
16	嚼*	jiáo
17	口香糖*	kǒuxiāngtáng

第6课　戒烟与禁烟

| 18 | 烟民 | yānmín |
| 19 | 派头* | pàitóu |

二　三分钟演讲准备

我们都知道，吸烟有害健康。请收集专家学者的分析以及生活中的案例，来说明吸烟对人体的危害。

三　小调查

以小组为单位，调查周围的大学生（至少三人），了解他们对校园禁烟的看法，然后向全班汇报。

词语理解

一　听句子，选择正确的词语

2-2

1. 对吸烟的人来说，_____ 不是一天两天就能做到的。　　（禁烟　戒烟）
2. 在我一次又一次的 _____ 下，他终于不再吸烟了。　　（劝说　劝告）
3. 大家的眼睛都盯着我，看得我 _____ 不自在。　　（浑身　满身）
4. 小伙子 _____ 天气的寒冷，跳进江里去救人了。　　（不管　不顾）
5. _____ 学习的人缺乏学习的积极性。　　（主动　被动）

二　听对话，回答问题

2-3

1. 女士儿子的病为什么一直不见好？
2. 这种新型号的手机为什么现在买不到？
3. 女士为什么要参加长跑比赛？
4. 男士为什么没有指出领导的错误？
5. 这些钱是从哪儿来的？

三 用三至五句话回答问题，并使用画线词语

1. 当你感到<u>无聊</u>的时候，你会做什么？
2. 你认为哪<u>些</u>类型的游戏对青少年<u>有害</u>？
3. 怎样才能<u>养成</u>讲卫生的习惯？
4. 你觉得怎样才能过上自由<u>自在</u>的生活？首要条件是什么？

语句理解

 一　听录音，跟读句子，并就这些论点展开辩论

2-4

1. 吸烟是成年人的标志。
2. 吸烟有助于社会交往。
3. 吸烟可以缓解疲劳。
4. 吸烟可以消除烦恼。
5. 吸烟可以排遣寂寞。
6. 吸烟有害健康。

 二　听录音，跟读句子，并谈谈自己对这些戒烟方法的看法

2-5

1. 身边准备香烟替代品。
2. 经常参加户外运动。
3. 多喝水，多吃水果。
4. 多去禁止吸烟的场所。
5. 家里和办公室都贴上"吸烟有害健康"的图片。

第6课　戒烟与禁烟

语段理解

一　内容提示

对于"公共场所全面禁烟"的规定，你有什么看法？吸烟对身体有没有害处？对周围的人有什么影响呢？请听录音。

 二　听对话，做练习

2-6

（一）听第一遍录音，填空

1. 从明天起，公共场所 _____ 。

2. 现在有些吸烟的人 _____ ，走到哪儿吸到哪儿。

3. 吸烟不仅影响吸烟人的身体健康，对身边不吸烟但是 _____ 的人危害更大。

4. 因为有些人吸烟的习惯是多年养成的， _____ 戒不掉。

5. 你爸年轻的时候也吸烟，后来为了你的健康，在我的 _____ 下把烟戒了。

（二）听第二遍录音，判断正误

1. 对于"公共场所全面禁烟"的规定儿子并不赞成。　　　　（　　）
2. 妈妈也认为商店里不应该卖烟。　　　　　　　　　　　（　　）
3. 禁止在公共场所吸烟是社会文明进步的一种表现。　　　（　　）
4. 大多数的吸烟者还没有上瘾到无法控制的程度。　　　　（　　）

（三）听后回答

妈妈是怎么分析吸烟人群的心理的？

口语句式

一、常用句式

1. 现在有些吸烟的人不管不顾，走到哪儿吸到哪儿。

"V₁到哪儿V₂到哪儿"表示无论V₁的动作怎么变化，V₂的动作都随之变化。如：

（1）他随身带着一本英语词典，走到哪儿看到哪儿。
（2）小明很喜欢古文，课本中的古文学到哪儿背到哪儿。

2. 不允许卖烟不就完了？

"……不就完了"用于反问句，表示按照前面所说的去做就没问题了。如：

（1）两个人都有错，把他们都罚下场不就完了？
（2）你要是都喜欢，全都买下来不就完了？

3. 但是禁烟也不是那么容易的事，要一步一步来。

"一步一步来"表示不能急于求成，要循序渐进。如：

（1）学习一门语言，不要指望短时间就能学成，要一步一步来。
（2）这种病不是一下子就能治好的，要一步一步来。

二、句式练习

1. 用"V₁到哪儿V₂到哪儿"造句：

（1）_____[照（相）]
（2）_____[唱（歌）]
（3）_____[捡（废品）]

2. 用"……不就完了"造句：

（1）_____（孤儿）
（2）_____（食欲）

（3）_____（婚宴）

3. 用"一步一步来"造句：

（1）_____（戒烟）

（2）_____（挣钱）

（3）_____（学者）

文化知识

一　请你说说

你们国家或你居住的城市有哪些关于禁烟的规定？

二　阅读短文，回答问题

某市关于公共场所严禁吸烟的规定

为了保障人民身体健康，保护公共环境，减少吸烟造成的危害，根据有关法规，结合本市实际，制定本规定。

下列公共场所禁止吸烟：

（一）托儿所、幼儿园；

（二）中小学校及其他各类学校的室内教学、活动场所；

（三）图书馆、博物馆、展览馆等室内活动场所；

（四）会议室、礼堂；

（五）商店、书店、邮电业、金融业的营业厅；

（六）医疗机构的挂号区、候诊区、诊疗区和病房区等；

（七）电梯间和公共交通工具内以及汽车站、售票厅、候车厅等。

禁止吸烟的公共场所的管理单位，有条件的可以设立吸烟区。各单位可以在本单位内部确定除本规定

保障（动）bǎozhàng：保护（生命、财产、权利），使不受侵犯和破坏。

法规（名）fǎguī：法律效力低于宪法和法律的规范性文件。

金融（名）jīnróng：指与货币有关的经济活动。

候诊（动）hòuzhěn：等候诊断。

诊疗（动）zhěnliáo：诊断和治疗。

以外的禁止吸烟的场所。

在禁止吸烟的公共场所，公民有权要求吸烟者停止吸烟，有权要求禁止吸烟的公共场所的管理单位履行本规定的职责，有权向卫生行政管理部门举报违反规定的行为。

禁止吸烟的公共场所所在单位应当设立检查员。检查员对在本单位范围内禁止吸烟的公共场所吸烟者，应当予以制止，拒不改正者可处以十元罚款。

（有删改）

> 公民（名）gōngmín：具有或取得某国国籍，并根据该国宪法和法律规定享有权利和承担义务的人。
> 行政（名）xíngzhèng：指机关、企业、团体等内部的管理工作。
> 举报（动）jǔbào：向有关单位检举报告。

读后回答
1. 你对上面的禁烟规定怎么看？
2. 中国的禁烟规定与你们国家的相关规定有什么不同？

拓展练习

一 成段叙述

介绍你或身边朋友的吸烟史、戒烟经过与方法。

二 三分钟演讲

结合专家学者的分析以及生活中的案例，利用多媒体形式，说一说吸烟的害处。

三 调查报告

总结归纳各小组调查的大学生对校园禁烟的看法，整理成PPT，在课堂上分组报告。

第 7 课　　亲　情

听力录音

听说（一）

您多保重

课前准备

一　词语

1-1

1	保重	bǎozhòng
2	骗子	piànzi
3	消除	xiāochú
4	编造	biānzào
5	谎言	huǎngyán
6	独自	dúzì
7	央求	yāngqiú
8	真相	zhēnxiàng
9	恍然大悟*	huǎngrán-dàwù
10	口干舌燥	kǒugān-shézào
11	小心翼翼*	xiǎoxīn-yìyì
12	不由自主	bùyóuzìzhǔ

13	迷糊*	míhu
14	寂寞	jìmò
15	赔本儿	péi běnr
16	贷款*	dài kuǎn
17	诈骗	zhàpiàn
18	母爱*	mǔ'ài
19	独居	dújū
20	……感	……gǎn
21	骨碌*	gūlu
22	嘟囔*	dūnang
23	趿拉*	tāla
24	挪*	nuó
25	听筒	tīngtǒng
26	（一）通	(yí) tòng
27	震颤*	zhènchàn
28	猜想	cāixiǎng
29	回应	huíyìng
30	乳名*	rǔmíng
31	明细账*	míngxìzhàng
32	一一*	yīyī
33	报*	bào
34	舍不得	shěbude
35	拆穿	chāichuān

第 7 课　亲　情

二　课堂小组交流

了解下面有中国特色的文体活动，并以小组为单位，通过PPT、视频等多媒体手段，介绍其在中国的开展情况。

1. 太极拳　　　　　　　　2. 广场舞

三　小调查

三至五人为一组，通过查找网络资料、采访朋友等方式，了解某种街头骗术，并准备在课堂上模拟表演，介绍骗子行骗的过程和手法。

四　三分钟演讲准备

十八岁该不该自立？如何自立？如何应对来自学习或生活的各种压力？请结合自己的实际情况，认真思考以上几个问题，以"十八岁的我"为题，准备三分钟演讲。

词语理解

一　听句子，选择正确的词语

1-2

1. 路上会遇到很多想不到的事情，请多_____。　　　　（保重　保护）

2. 我们这么做，就是为了_____他的紧张情绪。　　　　（清除　消除）

3. 你别听他们的，这是他们_____的谎言。　　　　　　（编造　编派）

4. 他虽然很年轻，但是能够_____完成这样的任务。　　（独立　独自）

5. 他再三_____，希望我原谅他。　　　　　　　　　　（央求　哀求）

二　选出与所听到的句子意思相近的一项

1-3

1. A. 直到警察说明了真相，大家都慌了，知道误会他了。
　 B. 直到警察说明了真相，大家才突然明白，知道误会他了。
　 C. 直到警察说明了真相，大家才知道是他说了谎话。　　　（　　）

2. A. 我们费尽口舌劝她,可她就是不相信,认为我们都在骗她。
   B. 我们劝了她一整天,可她还是不相信,认为我们都在骗她。
   C. 大家都劝她别上当,可她不听,反而认为我们在骗她。 (　　)

3. A. 他说话、办事胆子太小,总怕自己得罪了同事。
   B. 他说话、办事太不小心,所以总是得罪领导。
   C. 他说话、办事总是十分小心,总怕自己得罪了领导。 (　　)

4. A. 很多听众被他的故事感动,忍不住流下了眼泪。
   B. 全场听众都被他的故事感动得哭了。
   C. 现场的听众被他的故事感动,决定帮助他渡过难关。 (　　)

5. A. 你晚上早点儿睡吧,整天稀里糊涂怎么能考出好成绩呢?
   B. 你晚上早点儿睡吧,整天糊里糊涂的,怎么能提高效率呢?
   C. 你晚上早点儿睡吧,整天头脑不清醒怎么能做好工作呢? (　　)

三 用三至五句话回答问题,并使用画线词语

1. 当你在异国他乡感到<u>寂寞</u>的时候,你会做什么?
2. 如果你做生意赔了<u>本儿</u>,你会坚持下去吗?
3. 在没有经验的情况下,你会选择<u>贷款</u>完成你的第一次创业吗?
4. 如果遇到<u>诈骗</u>,你会怎么解决?

语句理解

一 听录音,跟读句子,并用画线部分各说一句话

1-4

1. <u>没有什么比</u>母爱<u>更</u>深沉。
2. 母亲的关切<u>中带着</u>严肃。
3. <u>人一</u>顺利<u>就</u>容易张狂。
4. 母亲坚持不收,<u>千叮咛万嘱咐</u>,别给祖宗抹黑。
5. 妻子和孩子也醒了,他们<u>一脸</u>惊讶。

第 7 课　亲　情

 二　听录音，跟读句子，并解释画线部分

1-5

1. 她说了半天，我们两个人还是<u>摸不着头脑</u>。
2. <u>天狂有雨，人狂有祸</u>，做人一定要低调。
3. 咱们不能<u>光宗耀祖</u>，也千万别给祖宗<u>抹黑</u>。
4. 你在城里做了官，乡下的老父亲老母亲多<u>风光</u>啊！

语段理解

一　内容提示

　　张老太太已经习惯了独居生活。然而，一天晚上的电话却打破了原本平静的生活。电话究竟是谁打来的呢？请听下面的录音。

 二　听短文，做练习

1-6

（一）听第一遍录音，填空

1. 但到了晚上，她独自在家，免不了有一种 _____ 。

2. 她一骨碌爬起来，一边嘟囔着，一边 _____ 着鞋，一步步挪到电话旁边。

3. 张老太太心里一通震颤，可又马上消除了自己的 _____ 。

4. 只要听到老年妇女的声音，便会利用对方的母爱进行 _____ 。

5. 张老太太便没有 _____ 他的谎言，继续听他编造故事。

（二）听第二遍录音，判断正误

1. 张老太太白天不是买菜做饭，就是和老姐妹们一起打拳跳舞。　　（　　）
2. 张老太太已经习惯了独居生活，一点儿也不觉得寂寞和孤独。　　（　　）
3. 张老太太正要睡觉，忽然接到了儿子打来的电话。　　（　　）
4. 原来那骗子真的是张老太太的儿子。　　（　　）

（三）听后回答
1. 骗子是怎样行骗的？
2. 张老太太意识到对方是个骗子，为什么仍然没有放下电话？

口语句式

一 常用句式

1. 她**或者**买菜做饭，**或者**和老姐妹们一起打打太极拳，跳跳广场舞。

"或者……或者……"用在叙述句里，表示选择关系。如：
（1）你或者去读书，或者找个工作，不能总在家里闲着。
（2）或者你去，或者她去，这次会议必须要有一个人参加。

2. 她或者买菜做饭，或者和老姐妹们一起打打太极拳，跳跳广场舞，**倒**也不觉得寂寞。

"倒"在这里是副词，表示所说的与人们所想的相反，表达转折或相反的意思，语气轻微。如：
（1）她租的房子不大，家具倒还齐全。
（2）他个子不高，长得倒挺精神的。

3. 但到了晚上，她独自在家，**免不了**有一种孤独感。

"免不了"表示无法避免。如：
（1）留学生嘛，说话免不了有一些语法错误。
（2）学习一门外语，免不了会遇到许多困难。

4. 张老太太把真相告诉了他，并**再三**央求对方："孩子，再说一句吧，说什么都行。"

"再三"是副词，表示一次又一次。如：
（1）全家人再三劝她，说去那里旅游危险，可她还是去了。
（2）他考虑再三，终于决定去那家公司工作。

句式练习

1. 用"或者……或者……"造句：
   （1）做义工　打工
   _____
   （2）看电影　听音乐会
   _____
   （3）参加社会调查　参加教学实习
   _____

2. 用"倒"完成句子：
   （1）他的汉语说得不太流利，_____
   （2）这条裙子款式一般，_____
   （3）你买的手机样子有点儿过时，_____

3. 用"免不了"完成句子：
   （1）五六岁的孩子，_____
   （2）刚刚参加工作，_____
   （3）孩子去外地上大学了，_____

4. 用"再三"造句：
   （1）_____（强调）
   （2）_____（犹豫）
   （3）_____（表示感谢）

听说（二）

为了儿子的梦想

课前准备

  词语

2-1

1	梦想	mèngxiǎng
2	天下	tiānxià
3	照应	zhàoying
4	间断	jiànduàn
5	出于	chūyú
6	名次	míngcì
7	习惯性	xíguànxìng
8	小瞧	xiǎoqiáo
9	要强	yàoqiáng
10	吹	chuī
11	当初	dāngchū
12	一辈子*	yíbèizi
13	老爷子	lǎoyézi
14	轮椅	lúnyǐ
15	露	lù
16	得意	déyì
17	迷	mí

18	人家	rénjia
19	参赛	cānsài
20	软磨硬泡	ruǎnmó-yìngpào
21	分头	fēntóu
22	成年	chéngnián
23	次要	cìyào
24	放开	fàng kāi
25	爹	diē
26	应	yìng

二 查资料

你参加过全程或半程马拉松比赛吗？关于这项运动，你了解多少呢？请上网查找相关资料，并谈谈你们国家马拉松比赛的发展情况。

三 课堂小组交流

中国有一句话叫"可怜天下父母心"，请分组讨论这句话的意思，并说说自己的感想。

四 成段叙述准备

每一个孩子的成长，都离不开父母的付出。回望成长之路，父母的付出数不胜数。请你说说，父母曾经为你做过的一件感人且难以忘怀的事。

词语理解

一 听句子,选择正确的词语

2-2

1. 我希望你们去同一个城市留学,互相也好有个_____。（照看　照应）

2. 只要坚持做下去,很快就会实现你的_____。（梦想　梦境）

3. 爸爸每天早上起床后都会读一小时的外语,从不_____。（简短　间断）

4. _____对祖国的热爱,他放弃国外的工作回国了。（由于　出于）

5. 能不能拿到好_____不重要,重要的是在比赛中学到知识。（名次　冠军）

二 听对话,回答问题

2-3

1. 警察是怎么确定他就是那个小偷儿的?
2. 男士是怎么评价小张的?
3. 女士的儿子性格上有什么特点?
4. 男士怎么看待别人对他的评价?
5. 女士当初为什么选择当老师?

语句理解

一 听录音,填空,并讨论所填词语的意思

2-4

1. 母亲用严厉且_____的语调说了那些话。

2. 你小时候_____努力读书,才有了今天这份工作。

3. 这件事在一个普通农村妇女心中产生的冲击,是我们_____的。

4. 母亲一席_____的忠告,又让我体会到没有什么比母爱更清醒。

第 7 课　亲　情

二　在线听歌《父亲》，分组讨论听后的感受

语段理解

一　内容提示

一位老人坚持参加马拉松比赛已经十几年了，从未间断。是他爱好跑步吗？也许现在可以这么说。不过，当初他参加马拉松比赛，并不是出于自己的爱好，而是因为儿子……

二　听对话，做练习

（一）听第一遍录音，判断正误

1. 老人岁数很大却一个人来跑马拉松。　　　　　　　　　　（　　）
2. 老人的儿子参加马拉松比赛已经十几年了。　　　　　　　（　　）
3. 每次参加马拉松比赛，都是老人推着坐在轮椅上的儿子跑。（　　）
4. 老人觉得照顾好参加轮椅组比赛的儿子比拿名次重要。　　（　　）

（二）听第二遍录音，回答问题

1. 老人为什么要参加马拉松比赛？

2. 开始的时候，老人要推着儿子参加比赛，组委会为什么不让报名？

（三）听后讨论

你对这位老人的行为怎么看？

95

口语句式

一 常用句式

1. <u>哪儿</u>是我一个人啊？我是跟儿子一起来的。

"哪儿……"在这里表示反问。如：
（1）哪儿有你这么洗碗的？（没有你这么洗碗的。）
（2）哪儿能这么教育孩子啊？（不能这么教育孩子。）

2. 这孩子可要强了，小时候看到家门口的马拉松比赛，一下子就迷上了，<u>非</u>让我带他参加。

"非（得）……"表示一定要这样。如：
（1）这是大人的聚会，可是孩子非要跟我去。
（2）孩子喜欢那件玩具，我不给他买，他非得让我买。

3. 拿不拿名次是次要的，毕竟跑那么远的距离，万一有什么事，<u>多少</u>也有个照应。

"多少"表示或多或少，不多，但也有一些。如：
（1）她说的话多少有些道理。
（2）这钱虽然不多，但多少也能帮你一点儿忙。

4. 他要是放开跑，<u>说不定</u>能拿个好名次呢！

"说不定"表示估计，可能性很大。常用作状语。如：
（1）到现在还没来，说不定他遇到麻烦了。
（2）A：他好几天没来上课了。
　　　B：说不定又偷偷出去旅游了。

二 句式练习

1.用"哪儿……"把下面的句子改写为反问句：
（1）你的态度太差了，没见过你这么卖东西的。

（2）他上课总是迟到，没见过他这样当老师的。
_____

（3）父母是孩子的启蒙老师，不能在孩子面前说这种话。
_____

2. 用"非（得）……"完成句子：

（1）父母不希望儿子学绘画，_____

（2）我告诉他去那里旅游很危险，_____

（3）儿女不赞成父母去养老院住，_____

3. 用"多少"造句：

（1）_____（被动吸烟）

（2）_____（去世）

（3）_____（贫困）

4. 用"说不定"完成句子：

（1）你让她去比赛吧，_____

（2）法律系太难了，我想报历史系，_____

（3）路上堵车，你还是骑自行车去吧，_____

文化知识

一　请你说说

你父母是如何培养和教育你的？

二　阅读短文，回答问题

战国时，赵国由赵太后掌管朝政。秦国出兵攻打赵国，赵国向齐国求救。齐国对赵国的使者说："如

朝政（名）cháozhèng：古时朝廷的政事和政权。

果赵国让赵太后的小儿子长安君到齐国当**人质**,我们可以出兵相救。"

赵太后最疼爱小儿子,所以坚决不让长安君去当人质。可是凭赵国的实力,肯定打不过秦国,怎么办呢?大臣们都很着急,他们一个个去劝说赵太后,赵太后就是不答应,而且发出话来:"谁要是再在我面前提这件事,我就吐他一脸唾沫!"

一天,一位名叫触龙的大臣求见赵太后。赵太后知道,他一定是来说人质的事,就气呼呼地等着他。可是触龙见了赵太后,和她谈的都是**家长里短**,没有说到人质,赵太后的心情慢慢就好了。

谈着谈着,触龙向赵太后提出一个请求,想让自己十五岁的小儿子到宫里做一名卫士。赵太后问为什么,触龙说趁自己还没老,把儿子托付给太后,自己就放心了。赵太后笑了:"没想到你们男人也疼爱小儿子。"触龙说:"比女人还疼爱呢。"赵太后不赞同:"还是女人更疼爱。"触龙说:"怎么见得?我看您对女儿的爱要超过小儿子。"赵太后摇摇头:"怎么会呢?我当然最爱我的小儿子。"触龙说:"父母真爱孩子,就应该为他们做长远打算。当年您的女儿**出嫁**到燕国时,您抱着她痛哭,可后来,您却天天为她**祈祷**,希望她不要回来,在燕国生儿育女,也希望她的子孙将来能在燕国做国王。这不是为她做长远打算吗?"

赵太后听了触龙的话,点了点头。触龙接着说:"现在,您给小儿子**尊贵**的地位,又给他**肥沃**的土地,就是不让他为国立功。以后他在赵国靠什么治理国家呢?所以,我认为您爱小儿子不如爱女儿。"赵太后明白了触龙说的道理,把小儿子送到了齐国去作人质。于是,齐国出兵,赵国得救了。

读后回答

1. 赵太后为什么不让自己的小儿子去齐国当人质?

人质(名)rénzhì:一方被拘留或扣押在另一方,用来使对方履行诺言或接受某种条件。

家长里短 jiācháng-lǐduǎn:指家庭日常琐事。

出嫁 chū jià:女子结婚。
祈祷(动)qídǎo:为自己或相关的人许下某种愿望。

尊贵(形)zūnguì:受人尊敬,高贵。
肥沃(形)féiwò:指土地中含有较多适合植物生长的养分和水分。

2. 触龙是怎么说服赵太后的？
3. 这个故事说明了什么道理？

三 讨论

如果有一天你为人父或为人母了，你觉得应该怎样培养教育自己的孩子呢？

拓展练习

一 三分钟演讲

以"十八岁的我"为题，做三分钟演讲。

二 模拟表演

各组根据自己采访和收集到的某种街头骗术的材料，完成下列活动：
1. 用五分钟时间模拟表演骗子行骗的过程；
2. 通过表演来介绍和揭穿骗子行骗的手法；
3. 最后提醒大家该如何防范骗子，谨防上当受骗。

三 成段叙述

叙述父母曾经为你做过的一件感人且难以忘怀的事。

四 各抒己见

有的父母自己省吃俭用，却对孩子有求必应。如果你是儿童教育专家，遇到这样的父母，你会给他们什么样的建议呢？

五 课堂交流

当母亲节或父亲节到来的时候，你一般会送什么礼物或者采用什么方式对父母表示感谢呢？

第 8 课　北京的记忆

听力录音

听说（一）

重游什刹海

课前准备

  一　词语

1	童年*	tóngnián
2	熙熙攘攘*	xīxī-rǎngrǎng
3	鱼贯而入*	yúguàn'érrù
4	浩浩荡荡*	hàohào-dàngdàng
5	鳞次栉比	líncì-zhìbǐ
6	景点	jǐngdiǎn
7	乐园*	lèyuán
8	禁区	jìnqū
9	勾	gōu
10	水域	shuǐyù
11	周边	zhōubiān
12	老天爷	lǎotiānyé

第 8 课　北京的记忆

13	保佑*	bǎoyòu
14	救生员	jiùshēngyuán
15	水性	shuǐxìng
16	畅游	chàngyóu
17	冰车	bīngchē
18	窟窿	kūlong
19	好在*	hǎozài
20	幸亏	xìngkuī
21	挨骂	ái mà
22	变样儿	biàn yàngr
23	游客*	yóukè
24	载客	zàikè
25	三轮车	sānlúnchē
26	穿行	chuānxíng
27	不亚于	bú yàyú

二　查资料

了解并介绍下列地名的来历及相关的风土人情。
1. 什刹海　　　　　　2. 积水潭
3. 王府井　　　　　　4. 十里洋场

三　人物介绍

分组准备，简单介绍一位中国现当代著名的人物。

四 三分钟演讲准备

以"童年的记忆"为题,做三分钟演讲准备。

词语理解

一 选出与所听到的句子意思相近的一项

1-2

1. A. 庙会上的人到处挤来挤去的。
   B. 庙会上人来人往,十分热闹。
   C. 庙会上到处都是大喊大叫的人群。　　　　　　　　　　(　　)

2. A. 博物馆开门了,参观的人们像水中的鱼一样,一个接一个走进去。
   B. 博物馆开门了,参观的人们像水中的鱼一样,一个接一个游进去。
   C. 博物馆开门了,参观的人们像水中的鱼一样,一个接一个钻进去。
   　　　　　　　　　　　　　　　　　　　　　　　　　　(　　)

3. A. 参加毕业典礼的学生高喊着口号通过了主席台。
   B. 参加毕业典礼的学生气势雄壮地通过了主席台。
   C. 参加毕业典礼的学生一个一个地通过了主席台。　　　　(　　)

4. A. 这里新修建的高楼一座座矗立起来,像一片片茂密的树林。
   B. 这里新修建的高楼一座座矗立起来,像一排高大的树木。
   C. 这里新修建的高楼一座座矗立起来,密集地排列在一起。(　　)

二 用三至五句话回答问题,并使用画线词语

1. 你的<u>童年</u>是在哪儿度过的?有没有值得回忆的故事?
2. 在你现在生活的地方有什么著名的<u>景点</u>?请简单介绍一处。
3. 在你的心里,什么样的生活才算是幸福的<u>乐园</u>?
4. 生活中哪些事情对你来说是不能踏入的<u>禁区</u>?

第8课　北京的记忆

语句理解

一　听录音，跟读句子，并解释画线词语

1. <u>水滴石穿</u>，只要我们不断努力，困难总归会克服。
2. <u>普天之下</u>，哪个国家的人民不热爱和平、反对战争？
3. 在这里租房的住户来自全国各地，<u>鱼龙混杂</u>。
4. 穿上新军服，战士们一个个<u>威风凛凛</u>，意气风发。
5. 眼见小孙子被汽车撞倒，孩子的奶奶<u>呼天抢地</u>，悲痛欲绝。

二　听录音，跟读句子，并用画线词语各说一句话

1. 他知识十分丰富，<u>有</u>"活字典"<u>之称</u>。
2. <u>对于</u>这些正在长身体的孩子<u>而言</u>，娱乐应该在生活中占有一定的时间。
3. <u>这些</u>话他也是<u>在无意中</u>听到的。
4. <u>哪怕</u>你有天大的本事，<u>也</u>无法战胜它。
5. 坐飞机去<u>也好</u>，坐火车去<u>也好</u>，都不如自己开车去方便。

语段理解

一　内容提示

什刹海现在是北京有名的旅游景点。一提起什刹海，人们往往会想到"酒吧一条街""滑冰场"。下面来听一下儿关于什刹海的介绍。

二 听短文，做练习

（一）听第一遍录音，填空

1. 一个偶然的机会，让我重游什刹海，勾起了我对＿＿＿＿＿＿生活的回忆。
2. 什刹海分为三段＿＿＿＿＿＿。
3. 后来，我水性好了，还在那儿参加过环海＿＿＿＿＿＿活动呢。
4. 我小时候，那里是游泳＿＿＿＿＿＿，所以很安静。
5. 到了晚上，逛街的游客熙熙攘攘，＿＿＿＿＿＿。

（二）听第二遍录音，判断正误

1. "我"很多年没来过什刹海了。　　　　　　　　　　　　（　　）
2. "我"小时候在什刹海的西海住过。　　　　　　　　　　（　　）
3. "我"对积水潭的印象深是因为"我"在那里掉进过冰窟窿。（　　）

（三）听后复述

说说什刹海的今昔对比。

口语句式

一 常用句式

1. 我游着游着忽然游不动了。

"V着V着……"表示某一动作正在进行时忽然停止或者改变为其他动作。如：

（1）她说着说着，一激动说不下去了。
（2）那孩子走着走着，忽然拼命地跑了起来。

2. 幸亏离家不远，否则就冻成冰人了。

"幸亏……否则……"，前半句表示由于偶然出现的有利条件而避免了某种不利的事情，后半句表示所避免的不利事情。如：

（1）刚下班就下起了大雨，幸亏我带了雨伞，否则就回不了家了。
（2）银行开门才半个小时，国债就卖光了，幸亏我去得早，否则就白跑一趟了。

3. 载客的三轮车一辆接一辆。

"一+量词+接+一+量词"表示数量很多，陆陆续续。如：

（1）精彩的比赛一场接一场，我都不知道看哪场比赛好了。

（2）天上的飞机一架接一架地从我们的头上飞过。

4. 其热闹景象不亚于王府井和上海的十里洋场。

"不亚于"表示前者跟后者差不多，不比后者差。如：

（1）这场足球比赛的激烈程度不亚于欧洲的五大联赛。

（2）这位外国留学生所写的作文，不亚于她的中国同学。

二 句式练习

1. 用"V着V着……"造句：

（1）＿＿＿＿＿＿＿＿＿＿＿＿＿＿＿＿＿＿＿＿＿＿＿＿＿＿＿＿（写）

（2）＿＿＿＿＿＿＿＿＿＿＿＿＿＿＿＿＿＿＿＿＿＿＿＿＿＿＿＿（想）

（3）＿＿＿＿＿＿＿＿＿＿＿＿＿＿＿＿＿＿＿＿＿＿＿＿＿＿＿＿（打）

2. 完成句子：

（1）她刚下车就晕倒了，幸亏＿＿＿＿＿＿＿＿＿，否则＿＿＿＿＿＿＿＿＿

（2）这次考试很难，幸亏＿＿＿＿＿＿＿＿＿＿，否则＿＿＿＿＿＿＿＿＿＿

（3）爬山的时候下起了大雨，幸亏＿＿＿＿＿＿＿＿，否则＿＿＿＿＿＿＿＿

3. 用"一+量词+接+一+量词"造句：

（1）＿＿＿＿＿＿＿＿＿＿＿＿＿＿＿＿＿＿＿＿＿＿＿＿＿＿＿＿（杯）

（2）＿＿＿＿＿＿＿＿＿＿＿＿＿＿＿＿＿＿＿＿＿＿＿＿＿＿＿＿（间）

（3）＿＿＿＿＿＿＿＿＿＿＿＿＿＿＿＿＿＿＿＿＿＿＿＿＿＿＿＿（件）

4. 用"不亚于"造句：

（1）＿＿＿＿＿＿＿＿＿＿＿＿＿＿＿＿＿＿＿＿＿＿＿＿＿＿（芭蕾舞）

（2）＿＿＿＿＿＿＿＿＿＿＿＿＿＿＿＿＿＿＿＿＿＿＿＿＿＿（修车技术）

（3）＿＿＿＿＿＿＿＿＿＿＿＿＿＿＿＿＿＿＿＿＿＿＿＿＿＿（医疗水平）

听说（二）

烟袋斜街

课前准备

 词语

2-1

1	烟袋	yāndài
2	入选	rùxuǎn
3	记载	jìzǎi
4	观赏	guānshǎng
5	一言为定	yìyán-wéidìng
6	小吃	xiǎochī
7	手工艺品	shǒugōngyìpǐn
8	美景	měijǐng
9	史书	shǐshū
10	步行*	bùxíng
11	连接	liánjiē
12	观	guān
13	美誉	měiyù
14	修建	xiūjiàn
15	大厦	dàshà
16	旧时	jiùshí
17	商户	shānghù

18	烟具	yānjù
19	古玩	gǔwán
20	字画	zìhuà
21	工艺	gōngyì
22	年间*	niánjiān

二 查资料

了解下列词语的意思，并找出相关图片，向大家介绍一下儿。

1. 鼓楼　　　　　　　　2. 钟楼
3. 银锭桥　　　　　　　4. 鼻烟壶

三 人物介绍

乾隆是中国清朝的一位皇帝，请查阅有关资料，简单介绍一下儿这位皇帝。

四 成段叙述准备

了解你所居住的城市，制作PPT，准备在班里介绍。

词语理解

一 听句子，选择正确的词语

2-2

1. 他是中国著名的足球运动员，已经_____了足球名人堂。（选入　入选）

2. 关于这条街道，清朝的文献就已经有所_____。（记载　记录）

3. 这项运动有很强的_____性。（欣赏　观赏）

4. 我只想做我喜欢的工作，_____工资高低，并不重要。（至于　对于）

5. 这件事不能再变了，咱们_____。（一口咬定　一言为定）

二　用三至五句话回答问题，并使用画线词语

1. 你现在居住的城市有什么<u>小吃</u>？简单介绍一下儿。
2. 你会制作<u>手工艺品</u>吗？如果会，请在班里展示一下儿。
3. 请拍摄你居住城市的几处<u>美景</u>并展示给班里的同学。
4. 你了解中国的哪一部<u>史书</u>？简单介绍一下儿。

语句理解

一　听录音，填空

2-3

1. 他考了好几次，_____把驾驶执照考下来了。
2. 到了地铁站我才发现没带公交卡，_____遇到了同事。
3. 公司目前确实遇到了一些困难，可是问题_____是可以解决的。
4. 小王把拿下博士学位当作自己在大学的_____目标。
5. 你这么做不管是_____什么目的，效果都不是很好。

二　听录音，跟读句子，并解释画线部分

2-4

1. 从事这些职业的人，和他们所从事的职业一样，<u>逐渐隐退为历史</u>。
2. 他们鱼贯而入，并终将<u>在另一个时空里消失</u>。
3. 这些都不是最重要的，重要的是<u>记忆的根须没有灭绝</u>。
4. 一个城市，总要有一个地方，在无意中保留下<u>童年的乐园</u>。
5. <u>打开中国历史的长卷</u>，可以找到很多像他一样的人物。

第8课　北京的记忆

语段理解

一　内容提示

在北京的鼓楼大街和什刹海之间，有一条步行街，叫烟袋斜街。烟袋斜街是北京最古老的文化街，现在是著名的商业街，已经入选了"中国历史文化名街"。至于这里为什么叫烟袋斜街，你听听下面的对话就知道了。

二　听对话，做练习

 2-5

（一）听第一遍录音，填空

1. 东边是北京城著名的鼓楼和_____，西边是连接什刹海前海和_____的银锭桥。

2. 站在银锭桥上，可以观赏到西山的美景，有"_____"的美誉。

3. 现在卖烟具的几乎没有了，主要是卖一些_____、字画和手工艺品，还有卖各种_____的。

4. 早在清朝乾隆年间，就有关于这条街的记载了，现在已经入选了"_____"。

（二）听第二遍录音，判断正误

1. 银锭桥是北京最古老的桥。　　　　　　　　　　　　（　）
2. 现在站在银锭桥上已经不可能看到西山了。　　　　　（　）
3. 有人说，烟袋斜街是因为街道像一个大烟袋而得名的。（　）
4. 在烟袋斜街买手工艺品，不比王府井商店便宜。　　　（　）

（三）听后回答

介绍有关烟袋斜街的地理和历史文化。

109

口语句式

一 常用句式

1. 去烟袋斜街转了转。

"V了V"表示某一动作的时间短或者数量少。如：

（1）我们一看还有时间，就去一家美术馆看了看。

（2）这家小吃店的品种很多，我们挑了几样尝了尝。

2. 站在银锭桥上，可以观赏到西山的美景，有"银锭观山"的美誉。

"有……的美誉"表示有美好的名誉。如：

（1）山海关有"天下第一关"的美誉。

（2）苏州和杭州有"上有天堂，下有苏杭"的美誉。

3. A：为什么叫烟袋斜街？是街道像一个大烟袋吗？

　　B：是有这么说的。

"是有这么说的"表示承认有某种说法。如：

（1）A：中国人说："饭后百步走，活到九十九。"

　　B：是有这么说的，吃完饭活动一下儿对身体还是很有好处的。

（2）A：我听说豆浆和鸡蛋一起吃对身体不太好。

　　B：是有这么说的，不过这么说是否有科学依据我也不敢确定。

4. 这条街之所以叫烟袋斜街，是因为旧时这里的商户大多是卖烟具的。

"之所以……是因为……"是一个倒装句，强调原因。如：

（1）他之所以开始吃素，是因为他现在加入了动物保护协会。

（2）我之所以买了一辆二手车，是因为我只用一年，明年就要回国了。

二 句式练习

1. 用"V了V"造句：

（1）＿＿＿＿＿＿＿＿＿＿＿＿＿＿＿＿＿＿＿＿＿＿＿＿＿＿＿＿＿＿（听）

（2）＿＿＿＿＿＿＿＿＿＿＿＿＿＿＿＿＿＿＿＿＿＿＿＿＿＿＿＿＿＿（翻）

（3）＿＿＿＿＿＿＿＿＿＿＿＿＿＿＿＿＿＿＿＿＿＿＿＿＿＿＿＿＿＿（试）

2. 你知道哪些名胜古迹？这些名胜古迹有什么美誉？

   _____
   _____
   _____

3. 结合下面的句子，用"是有这么说的"组织对话：

   （1）男主外，女主内

   　　A：_____
   　　B：_____

   （2）清官难断家务事

   　　A：_____
   　　B：_____

   （3）吃得苦中苦，方为人上人

   　　A：_____
   　　B：_____

4. 完成句子：

   （1）我之所以报考北大，是因为_____
   （2）他之所以成绩这么优秀，是因为_____
   （3）他们之所以想生二胎，是因为_____

文化知识

 请你说说

你去过哪条著名的街道？街道有什么特色？

二 阅读短文，回答问题

来北京旅游，除了故宫、天坛、颐和园等名胜古迹之外，有几条风情万种的街道，也值得一逛。

如果你想买东西，王府井步行街应该是首选之地。这是一条综合性商业街。在这条街上，矗立着北京许多知名的商场，像闻名全国的北京百货大楼，规模最大的新东安市场。这里还汇集了不少中华老字号商店，如盛锡福帽店、同升和鞋店、新世界丝绸店等。

此外，有五百多年历史的前门大街也值得一去。前门大街具有现代商业和古都风貌相结合的特点，有别处很难见到的有轨电车，有在这条街上"土生土长"的北京老字号全聚德、月盛斋等，许多现代的国际知名品牌像劳力士、阿迪达斯等也都在这里开了分店。

如果你对中国古旧市场感兴趣，那就去琉璃厂古文化街或者潘家园旧货市场看看吧。

琉璃厂是一条古老的文化街，街道两旁都是古色古香的建筑。自清朝至今，一直有商人在这里经营古玩字画、古籍碑帖以及文房四宝。这里的荣宝斋驰名中外，古旧书店也是远近闻名。还有近百家文物商店让古代文物的爱好者在这里流连忘返。

潘家园旧货市场形成于1992年，是伴随着民间古玩艺术品交易的兴起和活跃逐步发展起来的。这家市场历史虽然不长，但目前已经成为全国人气最旺的古旧物品市场，主要经营古旧物品、工艺品、收藏品、装饰品等。

如果你想了解北京的夜生活，什刹海酒吧街和三里屯酒吧街是很多年轻游客，特别是外籍游客指定要去的地方。

什刹海酒吧街将浓浓的市井气息与时尚的现代文化完美结合。每当夜幕降临，这里到处是灯红酒绿，形成一种独特的北京风格。再加上岸边金碧辉煌的王府，水

风情（名）fēngqíng：景象。

矗立（动）chùlì：高耸地立着。

汇集（动）huìjí：聚集。

风貌（名）fēngmào：景象。

品牌（名）pǐnpái：牌子。

文房四宝 wénfáng sì bǎo：指书房中必备的笔墨纸砚。
驰名（动）chímíng：声名传播很远。
流连忘返 liúlián-wàngfǎn：留恋，舍不得离去。

人气（名）rénqì：受欢迎的程度。
旺（形）wàng：高涨。

外籍（名）wàijí：外国国籍。

市井（名）shìjǐng：街市。
时尚（形）shíshàng：当时的风尚。
灯红酒绿 dēnghóng-jiǔlǜ：指都市的繁华景象。

第 8 课　北京的记忆

中轻轻飘动的游船，别有一番韵味。

　　三里屯也是近年来逐步形成的酒吧街。因为这条街的周围是许多国家的驻华大使馆，外国人成了酒吧街的固定客人。随着名声的不断叫响，越来越多的中国人也都会到此一游。

韵味（名）yùnwèi：情趣。

读后回答

短文中介绍了北京哪些有名的街道？请复述一下儿。

拓展练习

一　三分钟演讲

以"童年的记忆"为题，做三分钟演讲。

二　人物介绍

各组利用PPT、视频等，简单介绍一位中国现当代名人，并谈谈对这位名人的评价。

三　请你介绍

利用PPT等形式，从历史、地理、旅游、饮食等方面，介绍一下儿你所居住的城市。

四　实地考察

实地考察你所居住或去过的城市，介绍一条有特色的街道，拍摄相关的照片或视频，查找相关资料，然后整理成PPT在班里介绍。

词语总表

A

挨个儿	āi gèr	2
挨骂	ái mà	8
爱意	àiyì	4
遨游	áoyóu	5

B

罢了	bàle	1
百合	bǎihé	3
百年好合	bǎinián-hǎohé	3
拌	bàn	3
瓣	bàn	3
饱含	bǎohán	2
保佑	bǎoyòu	8
保重	bǎozhòng	7
报	bào	7
被动	bèidòng	6
奔波	bēnbō	2
笨拙	bènzhuō	5
必不可少	bìbùkěshǎo	3
编造	biānzào	7
变故	biàngù	2
变换	biànhuàn	5
变样儿	biàn yàngr	8
冰车	bīngchē	8
不顾	búgù	6
不屈	bùqū	5
不速之客	búsùzhīkè	4
不同寻常	bùtóng-xúncháng	4
不朽	bùxiǔ	5
不亚于	bú yàyú	8
不由自主	bùyóuzìzhǔ	7
不知不觉	bùzhī-bùjué	3
不知所措	bùzhī-suǒcuò	5
步行	bùxíng	8

C

猜想	cāixiǎng	7
菜系	càixì	3
菜肴	càiyáo	3
参赛	cānsài	7
苍老	cānglǎo	2
操劳	cāoláo	5
拆穿	chāichuān	7
颤抖	chàndǒu	4
长久	chángjiǔ	3

长命百岁	chángmìng-bǎisuì	3
长寿	chángshòu	3
场所	chǎngsuǒ	6
畅游	chàngyóu	8
吵架	chǎo jià	6
沉思	chénsī	4
成年	chéngnián	7
吃力	chīlì	5
宠物	chǒngwù	4
出色	chūsè	5
出于	chūyú	7
穿行	chuānxíng	8
穿越	chuānyuè	3
传递	chuándì	4
吹	chuī	7
纯净	chúnjìng	4
辞旧迎新	cíjiù-yíngxīn	3
次要	cìyào	7
刺激	cìjī	3
葱	cōng	3
从未	cóngwèi	2
凑热闹	còu rènao	6
村	cūn	2

D

打击	dǎjī	5
大厦	dàshà	8
大喜	dàxǐ	3
贷款	dài kuǎn	7
单薄	dānbó	2

单身	dānshēn	1
当初	dāngchū	7
得意	déyì	7
得知	dézhī	2
叼	diāo	6
爹	diē	7
盯	dīng	4
定期	dìngqī	4
冬菜	dōngcài	3
动脑筋	dòng nǎojīn	3
豆芽儿	dòuyár	3
逗弄	dòunòng	4
嘟囔	dūnang	7
毒	dú	6
独居	dújū	7
独具特色	dújù-tèsè	3
独自	dúzì	7

E

恶作剧	èzuòjù	4
而后	érhòu	2

F

番	fān	1
翻天覆地	fāntiān-fùdì	2
繁忙	fánmáng	1
放开	fàng kāi	7
废品	fèipǐn	2
分辨	fēnbiàn	5
分手	fēn shǒu	1
分头	fēntóu	7

115

风味	fēngwèi	3
夫妇	fūfù	3
抚慰	fǔwèi	4

G

……感	……gǎn	7
感受	gǎnshòu	2
糕点	gāodiǎn	3
个性	gèxìng	4
工艺	gōngyì	8
功课	gōngkè	1
勾	gōu	8
构筑	gòuzhù	3
购买	gòumǎi	2
孤身	gūshēn	2
骨碌	gūlu	7
辜负	gūfù	1
古话	gǔhuà	3
古玩	gǔwán	8
鼓	gǔ	6
顾及	gùjí	6
观	guān	8
观赏	guānshǎng	8
桂圆	guìyuán	3
过人	guòrén	1

H

行列	hángliè	1
好在	hǎozài	8
浩瀚	hàohàn	5
浩浩荡荡	hàohào-dàngdàng	8

和善	héshàn	2
狠命	hěnmìng	6
宏伟	hóngwěi	5
后会有期	hòuhuì-yǒuqī	1
后进	hòujìn	1
呼噜	hūlu	1
花椒	huājiāo	3
花生	huāshēng	3
恍然大悟	huǎngrán-dàwù	7
谎言	huǎngyán	7
回应	huíyìng	7
毁	huǐ	1
婚宴	hūnyàn	3
浑身	húnshēn	6

J

机灵	jīling	1
激励	jīlì	5
嫉妒	jídù	1
记事儿	jìshìr	2
记载	jìzǎi	8
寂寞	jìmò	7
佳肴	jiāyáo	3
家喻户晓	jiāyù-hùxiǎo	3
驾	jià	5
嫁	jià	2
肩负	jiānfù	2
减肥	jiǎnféi	1
剪刀	jiǎndāo	5
间断	jiànduàn	7

讲究	jiǎngjiū	3
讲台	jiǎngtái	1
奖励	jiǎnglì	5
酱	jiàng	3
嚼	jiáo	6
角落	jiǎoluò	4
拮据	jiéjū	2
戒（烟）	jiè（yān）	6
津津有味	jīnjīn-yǒuwèi	3
禁（烟）	jìn（yān）	6
禁区	jìnqū	8
经典	jīngdiǎn	5
惊喜	jīngxǐ	5
景点	jǐngdiǎn	8
竟然	jìngrán	2
敬	jìng	6
静脉	jìngmài	6
酒足饭饱	jiǔzú-fànbǎo	4
旧时	jiùshí	8
救生员	jiùshēngyuán	8
居住	jūzhù	2
据	jù	2
捐款	juān kuǎn	2
卷烟	juǎnyān	6

K

开场	kāi chǎng	5
慷慨激昂	kāngkǎi-jī'áng	5
可口	kěkǒu	4
可怜巴巴	kěliánbābā	4

渴望	kěwàng	2
课间	kèjiān	4
口干舌燥	kǒugān-shézào	7
口香糖	kǒuxiāngtáng	6
窟窿	kūlong	8

L

拉链	lāliàn	5
辣椒	làjiāo	3
老家	lǎojiā	2
老天爷	lǎotiānyé	8
老爷子	lǎoyézi	7
乐园	lèyuán	8
泪花儿	lèihuār	2
理科	lǐkē	4
连接	liánjiē	8
怜爱	lián'ài	2
莲子	liánzǐ	3
恋恋不舍	liànliàn-bùshě	1
缭绕	liáorào	6
临别	línbié	1
鳞次栉比	líncì-zhìbǐ	8
领略	lǐnglüè	5
令人震撼	lìng rén zhènhàn	5
留言	liúyán	1
流芳百世	liúfāng-bǎishì	5
流浪	liúlàng	4
路人	lùrén	2
露	lù	7
轮椅	lúnyǐ	7

略	lüè	4

M

满不在乎	mǎnbúzàihu	6
盲人	mángrén	5
美景	měijǐng	8
美食	měishí	3
美味	měiwèi	3
美誉	měiyù	8
梦想	mèngxiǎng	7
迷	mí	7
迷糊	míhu	7
面码儿	miànmǎr	3
面团	miàntuán	3
名次	míngcì	7
明细账	míngxìzhàng	7
末儿	mòr	3
母爱	mǔ'ài	7
母校	mǔxiào	1
目光	mùguāng	1

N

脑瓜儿	nǎoguār	1
内心	nèixīn	2
年富力强	niánfù-lìqiáng	1
年糕	niángāo	3
年间	niánjiān	8
凝视	níngshì	4
纽扣	niǔkòu	5
浓	nóng	4
挪	nuó	7

O

偶尔	ǒu'ěr	4
偶然	ǒurán	2

P

趴	pā	4
派头	pàitou	6
抛弃	pāoqì	1
陪伴	péibàn	4
培养	péiyǎng	5
赔本儿	péi běnr	7
偏爱	piān'ài	3
篇章	piānzhāng	5
骗子	piànzi	7
贫困	pínkùn	2
品尝	pǐncháng	3
品牌	pǐnpái	6
破旧	pòjiù	2
铺	pù	1

Q

凄惨	qīcǎn	4
期望	qīwàng	1
岂不	qǐ bù	5
气概	qìgài	5
歉疚	qiànjiù	4
呛	qiàng	6
敲打	qiāodǎ	5
钦佩	qīnpèi	1
亲情	qīnqíng	2

亲人	qīnrén	2
青蒜	qīngsuàn	3
轻描淡写	qīngmiáo-dànxiě	4
轻易	qīngyì	5
清理	qīnglǐ	4
求助	qiúzhù	4
曲	qǔ	5
去世	qùshì	2
劝说	quànshuō	6
确认	quèrèn	5

R

人潮	réncháo	5
人家	rénjia	7
人群	rénqún	5
人体	réntǐ	6
日渐	rìjiàn	5
荣耀	róngyào	4
融会	rónghuì	3
融洽	róngqià	6
乳名	rǔmíng	7
入睡	rùshuì	4
入选	rùxuǎn	8
软磨硬泡	ruǎnmó-yìngpào	7

S

腮帮子	sāibāngzi	6
塞	sāi	6
三轮车	sānlúnchē	8
瑟瑟发抖	sèsè-fādǒu	4
闪烁	shǎnshuò	2

商户	shānghù	8
上瘾	shàng yǐn	3
舍不得	shěbude	7
身世	shēnshì	5
身影	shēnyǐng	2
身子	shēnzi	6
深情	shēnqíng	5
时分	shífēn	3
时兴	shíxīng	6
食	shí	3
食欲	shíyù	3
史书	shǐshū	8
视频	shìpín	6
收购	shōugòu	2
收养	shōuyǎng	4
手工艺品	shǒugōngyìpǐn	8
首屈一指	shǒuqū-yìzhǐ	3
书写	shūxiě	4
梳洗	shūxǐ	4
束手无策	shùshǒu-wúcè	2
树立	shùlì	2
数一数二	shǔyī-shǔ'èr	4
耍弄	shuǎnòng	4
衰弱	shuāiruò	5
帅气	shuàiqi	1
水性	shuǐxìng	8
水域	shuǐyù	8
思考	sīkǎo	4
四季	sìjì	5
蒜	suàn	3

随之	suí zhī	4		文凭	wénpíng	1
岁月	suìyuè	2		无聊	wúliáo	6

T / X

趿拉	tāla	7		熙熙攘攘	xīxī-rǎngrǎng	8
堂而皇之	táng'érhuángzhī	4		习惯性	xíguànxìng	7
淘汰	táotài	1		习以为常	xíyǐwéicháng	4
特意	tèyì	4		喜悦	xǐyuè	5
特制	tèzhì	3		下载	xiàzài	6
体验	tǐyàn	3		下葬	xià zàng	2
天分	tiānfèn	5		相处	xiāngchǔ	4
天各一方	tiāngèyìfāng	1		相交	xiāngjiāo	3
天堂	tiāntáng	2		香烟	xiāngyān	6
天下	tiānxià	7		想方设法	xiǎngfāng-shèfǎ	6
调料	tiáoliào	3		象征	xiàngzhēng	3
贴补	tiēbǔ	2		消除	xiāochú	7
听觉	tīngjué	5		削	xiāo	3
听力	tīnglì	5		小吃	xiǎochī	8
听筒	tīngtǒng	7		小瞧	xiǎoqiáo	7
通晓	tōngxiǎo	4		小心翼翼	xiǎoxīn-yìyì	7
童年	tóngnián	8		谐音	xiéyīn	3
（一）通	(yí) tòng	7		心理	xīnlǐ	3
统计	tǒngjì	2		心灵	xīnlíng	5

W

				心愿	xīnyuàn	1
外号	wàihào	1		欣慰	xīnwèi	2
玩耍	wánshuǎ	4		新婚	xīnhūn	3
万一	wànyī	2		信念	xìnniàn	2
微不足道	wēibùzúdào	5		行人	xíngrén	4
微弱	wēiruò	4		行走	xíngzǒu	2
喂养	wèiyǎng	4		兴高采烈	xìnggāo-cǎiliè	4

幸亏	xìngkuī	8
修建	xiūjiàn	8
学府	xuéfǔ	4
学科	xuékē	4
学者	xuézhě	1

Y

烟袋	yāndài	8
烟袋锅子	yāndài guōzi	6
烟盒	yānhé	6
烟具	yānjù	8
烟卷儿	yānjuǎnr	6
烟民	yānmín	6
烟圈儿	yānquānr	6
烟雾	yānwù	6
烟叶	yānyè	6
眼神	yǎnshén	4
央求	yāngqiú	7
洋火	yánghuǒ	6
养成	yǎngchéng	6
要强	yàoqiáng	7
一辈子	yíbèizi	7
一去不复返	yí qù bú fùfǎn	1
一席之地	yìxízhīdì	4
一言为定	yìyán-wéidìng	8
一一	yīyī	7
一再	yízài	6
依旧	yījiù	2
音符	yīnfú	5
饮食	yǐnshí	3
应	yìng	7
硬朗	yìnglang	6
哟	yo	1
拥挤	yōngjǐ	5
用品	yòngpǐn	2
悠然自得	yōurán-zìdé	6
游客	yóukè	8
有害	yǒuhài	6
鱼贯而入	yúguàn'érrù	8
源泉	yuánquán	5
运用自如	yùnyòng-zìrú	5
乐曲	yuèqǔ	5

Z

再会	zàihuì	1
载客	zàikè	8
赞扬	zànyáng	5
赞助	zànzhù	2
早生贵子	zǎoshēng-guìzǐ	3
枣	zǎo	3
赠言	zèngyán	1
炸	zhá	3
眨	zhǎ	4
诈骗	zhàpiàn	7
展示	zhǎnshì	3
占据	zhànjù	4
照应	zhàoying	7
真相	zhēnxiàng	7
震颤	zhènchàn	7
征服	zhēngfú	5

整整	zhěngzhěng	2
挣（钱）	zhèng（qián）	4
执着	zhízhuó	5
致	zhì	6
智慧	zhìhuì	1
周边	zhōubiān	8
粥	zhōu	3
诸位	zhūwèi	1
注入	zhùrù	6
祝福	zhùfú	3
祝愿	zhùyuàn	3
追求	zhuīqiú	5
自强不息	zìqiáng-bùxī	5
自言自语	zìyán-zìyǔ	2
自在	zìzai	6
字画	zìhuà	8
组成	zǔchéng	3

句式总表

A
A 就 A 在	3

B
把……称为……	3
被……所+V	5
比起	5
……比什么都重要	1
别提多……了	3
……不就完了	6
不亚于	8

C
趁（着）……	1
从……看	3
从未 V 过	2

D
大多	3
但愿	1
倒	7
动一番脑筋	3
多少	7

F
非（得）……	7

G
该……就……	1

H
还不是	6
何不	4
或者……或者……	7

J
竟然	2
据	2

K
看把你……得	5
可不是嘛	2

L
连+V+数量词	5
连……带……	4

M
每当……都……	5

免不了	7

N

哪儿……	7
你V我……，我V你……	6

O

偶尔	4

P

凭着……	1

Q

岂不（是）……	5

S

时不时	4
是该……了	2
是有这么说的	8
说不定	7
说不上	4
说什么也得……	5
算一个	3
随之	4

V

V+上+数量词	4
V₁到哪儿V₂到哪儿	6
V都不V	4
V了V	8
V着V着……	8

W

万一	2

X

幸亏……否则……	8

Y

一步一步来	6
一+量词+接+一+量词	8
一+量词+又+一+量词	6
一时半会儿	1
一只耳朵听，一只耳朵冒	6
有……的美誉	8
有讲究	3

Z

再三	7
再也不/没	2
整整	2
之所以……是因为……	8
直到	5
只不过……罢了	1
走进……的行列	1

博雅国际汉语精品教材
北大版长期进修汉语教材

博雅汉语听说·中级冲刺篇 II
听力文本及参考答案

Boya Chinese
Listening and Speaking (Intermediate) II
Listening Scripts and Answer Keys

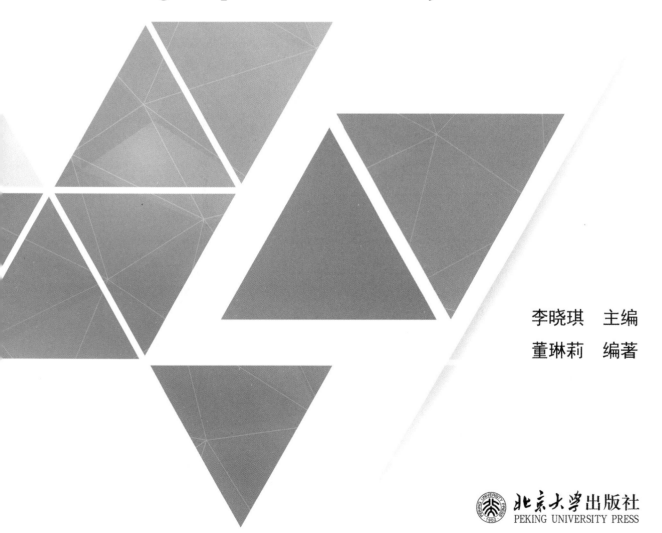

李晓琪　主编
董琳莉　编著

北京大学出版社
PEKING UNIVERSITY PRESS

目录

第1课	临别赠言	1
	听说（一） 后会有期	1
	听说（二） 十年前的留言	4
第2课	老有所依　老有所为	7
	听说（一） 去敬老院做义工	7
	听说（二） 邻居张爷爷	10
第3课	中国的饮食文化	14
	听说（一） 家乡的面	14
	听说（二） 吃与文化	18
第4课	人类的朋友	22
	听说（一） 要是我有钱	22
	听说（二） 学校里的"学术猫"	25
第5课	战胜命运	29
	听说（一） 你是我的眼	29
	听说（二） 不屈的灵魂	32

第 6 课	**戒烟与禁烟**		36
	听说（一）	戒　　烟	36
	听说（二）	禁　　烟	40
第 7 课	**亲　　情**		44
	听说（一）	您多保重	44
	听说（二）	为了儿子的梦想	47
第 8 课	**北京的记忆**		51
	听说（一）	重游什刹海	51
	听说（二）	烟袋斜街	54

第 1 课 临别赠言

听说（一） 后会有期

1-1

1	临别	línbié	动	just before parting
2	赠言 *	zèngyán	名	words of advice or encouragement given to a friend at parting
3	后会有期	hòuhuì-yǒuqī		to meet again someday
4	分手	fēn shǒu		to break up
5	辜负 *	gūfù	动	to let down, to fail to fulfill the hopes of (a person)
6	抛弃 *	pāoqì	动	to discard, to abandon
7	期望	qīwàng	动	to expect
8	毁 *	huǐ	动	to ruin, to destroy
9	恋恋不舍	liànliàn-bùshě		reluctant to part with
10	年富力强 *	niánfù-lìqiáng		in one's prime
11	天各一方	tiāngèyìfāng		to be far apart geographically
12	一去不复返 *	yí qù bú fùfǎn		to be gone forever
13	母校 *	mǔxiào	名	one's mother school, Alma mater
14	心愿 *	xīnyuàn	名	wish
15	文凭 *	wénpíng	名	diploma
16	学者 *	xuézhě	名	scholar
17	番	fān	量	course, time
18	铺	pù	名	bed

19	呼噜	hūlu	名	snore
20	再会 *	zàihuì	动	to see again
21	诸位 *	zhūwèi	代	you, ladies and gentlemen
22	哟	yo	助	modal particle

词语理解

一、听对话，回答问题

1. 男：你为什么一定要跟你的男友分手？
   女：我对他那么好，可是他欺骗了我，辜负了我对他的一片真心。
   问：女士为什么一定要跟男友分手？

2. 男：现在很多日本女人结婚以后也不改姓了。
   女：因为那是旧习惯，已经逐渐被年轻人抛弃了。
   问：为什么现在很多日本女人结婚以后也不改姓了？

3. 男：全家人都希望你能考上这所名牌大学。
   女：放心吧，我不会辜负你们的期望的。
   问：面对家人的期望，女士是怎么说的？

4. 女：你怎么不让孩子在小区踢足球了？
   男：他们总是在小花园里踢球，把好好儿的花草都毁了。
   问：男士为什么不让孩子在小区踢足球了？

5. 男：分手的时候，你对男友说了些什么？
   女：我希望他将来找一个比我好的。
   问：女士分手时对男友说了些什么？

二、选出与所听到的句子意思相近的一项

1. 听说他要走，几位同事的脸上都露出恋恋不舍的神情。　　　　　　　　（C）
2. 这些干部个个年富力强，担任公司的领导工作没有任何问题。　　　　　（B）
3. 咱们就在这里分手吧，以后多联系，后会有期。　　　　　　　　　　　（B）
4. 大学毕业以后，他和女友天各一方，一年也难得见上一面。　　　　　　（A）
5. 有了你们的帮助，我们农村缺医少药的日子一去不复返了。　　　　　　（C）

语句理解

一、听录音，跟读句子，并谈谈自己的感受
1. 不要抛弃学问。
2. 少年是一去不复返的。
3. 学问是绝不会辜负人的。
4. 抛弃了学问便是毁了你自己。
5. 你最大的责任是把你这块材料铸造成器。

二、听录音，跟读句子，并用画线词语各说一句话
1. 我对这门课没有兴趣，只是为了学分<u>不得已</u>才选的。
2. 我们两个来自同一座城市，关系<u>自然</u>比别的同学亲密些。
3. 现在不努力学习，将来需要的时候再<u>补救</u>，恐怕就来不及了。
4. 一寸<u>光阴</u>一寸金，寸金难买寸光阴。

语段理解

二、听对话，做练习

同学 A：同住三年，忽然发现我们明天就要天各一方了。我知道，做一名志愿者，一直是你的心愿，所以我对你的决定，一直是百分之百的支持，可是真要分手了，却又有些恋恋不舍了。我们理解你，人的一生，总是要干出一番事业的，趁着年富力强，在社会上闯一闯也是必要的。不过，你人出国了，心可别跟着一去不复返，有机会常回母校来看看，别忘了咱们这些铁哥们儿。

同学 B：王哥这几年一直睡在我的上铺。今天这一走，晚上听不到你的呼噜声，恐怕一时半会儿还不适应。我对王哥的希望是：不管什么时候，不管到了哪里，都要继续学习，别抛弃自己的专业，将来有机会回来，还是要争取把文凭拿到手。要知道，用大学学到的知识服务社会，也是我们年轻人的责任。

同学 C：我听说你要去的地方生活水平比不上我们这里，希望你有心理准备。到了那里该吃就吃，该玩儿就玩儿，别太苦了自己，把身体毁了。要知道，身体健康比什么都重要。我希望在不久的将来，能和你这个结结实实的小伙子在大学再会，别辜负我们对你的期望，咱们后会有期。

王　峰：感谢诸位的临别赠言，我会记在心里的。请你们相信，等我们再次见面的时候，你们一定会看到一个全新的我。到时候你们这些大学者，可别看不起我这个老同学哟。

（一）听第一遍录音，填空
   1. 恋恋不舍   2. 文凭   3. 期望   4. 学者

（二）听第二遍录音，判断正误
   1. ×   2. ×   3. ×   4. √   5. √

2-1

听说（二）　十年前的留言

1	留言	liúyán	名	message
2	淘汰*	táotài	动	to eliminate through selection or competition
3	钦佩	qīnpèi	动	to admire
4	嫉妒	jídù	动	to envy
5	过人	guòrén	动	to surpass
6	机灵	jīling	形	smart
7	后进*	hòujìn	形	backward, lagging behind
8	外号	wàihào	名	nickname
9	减肥	jiǎn féi		to lose weight
10	智慧	zhìhuì	名	wisdom
11	帅气	shuàiqi	形	handsome
12	繁忙	fánmáng	形	busy
13	单身*	dānshēn	名	single
14	行列	hángliè	名	rank
15	讲台	jiǎngtái	名	platform
16	目光	mùguāng	名	vision, sight

17	功课*	gōngkè	名	homework, lesson
18	脑瓜儿	nǎoguār	名	brain
19	罢了	bàle	助	just (used in the end of a declarative sentence)

词语理解

一、听对话，回答问题

1. 男：今天不是有篮球比赛吗？你怎么没去给咱们的校队加油？
   女：咱们的校队在小组赛中就被淘汰了。
   问：女士为什么没去看篮球比赛？

2. 女：听说王平在你们班学习成绩排在第一？
   男：是啊，他那刻苦学习的精神实在令人钦佩。
   问：男士对王平怎么看？

3. 男：小李拿了最高奖金，小张她们好像不太高兴。
   女：是啊，我想小张她们有些嫉妒吧。
   问：小张她们为什么不太高兴？

4. 女：听说你们邻居的儿子，中考考了全市第一名。
   男：那孩子啊，从小就聪明过人，上小学的时候就门门满分。
   问：男士邻居的儿子中考考得怎么样？

5. 男：你姐姐的孩子数学怎么样？
   女：这孩子挺机灵的，一般的题都难不倒他。
   问：女士姐姐的孩子数学怎么样？

语句理解

一、听录音，跟读句子，并谈谈自己的理解

1. 学无止境。
2. 天生我材必有用。
3. 少壮不努力，老大徒伤悲。
4. 不积跬步，无以至千里；不积小流，无以成江海。
5. 风声雨声读书声，声声入耳；家事国事天下事，事事关心。

二、听录音，跟读句子，并用画线词语各说一句话

2-4
1. 开学后，<u>急需</u>解决的生活问题是办理食堂的饭卡。
2. 我们不能<u>眼睁睁</u>地看着他变成后进生而不管。
3. 我只希望找一个跟专业相关的工作，<u>至于</u>工资多少，并不重要。
4. 这份工作收入虽然不高，不过<u>节衣缩食</u>还是可以勉强生活下去的。
5. <u>为</u>健康<u>计</u>，你应该多运动，少吃肉。

语段理解

二、听短文，做练习

2-5
　　杨丽现在是一家公司的部门经理，因为工作繁忙，没顾上谈朋友，到现在还是单身一人。她每天下班后一定要去健身房锻炼，已经成功减肥十公斤，从过去的"微胖族"，走进了"窈窕淑女"的行列。她看到十年前李灵给自己的留言是这样写的：

　　丽丽，十年后，你还会那么胖吗？但愿你还没结婚或者结了婚还没当妈妈，否则你会胖得连我也认不出来了。我想象十年后的你，一定是一副学者模样，很帅气地站在讲台上，吸引着学生的目光。上学期间，你门门功课都是优秀，大家既佩服又嫉妒，你要是不当老师，真是太可惜了。希望十年后见面的时候，我能钦佩地叫你一声"杨老师"。

　　李灵在上高中的时候，最讨厌学习，差点儿连高考都没参加。十年后，连她自己都没想到会在母校当了一名老师。她拿起杨丽给自己的留言：

　　还记得你的外号吗？机灵鬼！虽然你总被老师称为"后进生"，但其实你的小脑瓜儿比谁都聪明，只不过你的心没有放在学习上面罢了。我相信，凭着你过人的智慧，你是不会被这个社会淘汰的。十年后，你一定能成为大"富婆"，开着你的"宝马"来见我，到时候别忘了请我吃大餐哟。

（一）听第一遍录音，填空
　　1. 谈朋友　　2. 健身房　十　　3. 模样　　4. 高考　　5. 吃大餐

（二）听第二遍录音，判断正误
　　1. √　　2. ×　　3. ×　　4. √

第2课　老有所依　老有所为

1-1

听说（一）　去敬老院做义工

1	渴望*	kěwàng	动	to long for, to yearn for
2	树立	shùlì	动	to set up, to establish
3	内心*	nèixīn	名	inward, heart
4	感受*	gǎnshòu	名、动	feeling; to experience, to feel
5	偶然*	ǒurán	形	accidental, fortuitous
6	肩负*	jiānfù	动	to undertake, to shoulder
7	得知	dézhī	动	to be informed of
8	老家	lǎojiā	名	hometown
9	变故*	biàngù	名	an unforeseen event, accident
10	欣慰	xīnwèi	形	delighted, gratified
11	翻天覆地	fāntiān-fùdì		earthshaking
12	束手无策*	shùshǒu-wúcè		to be at a loss what to do, to feel quite helpless
13	信念*	xìnniàn	名	belief
14	岁月*	suìyuè	名	years
15	行走*	xíngzǒu	动	to walk
16	去世*	qùshì	动	to pass away, to die
17	依旧	yījiù	副	still
18	村	cūn	名	village

19	嫁	jià	动	to marry
20	万一	wànyī	连	in case, by any chance
21	下葬*	xià zàng		to bury
22	亲人	qīnrén	名	relative
23	据	jù	介	according to
24	孤身	gūshēn	形	alone
25	身影*	shēnyǐng	名	figure
26	亲情*	qīnqíng	名	domestic affection, family affection

词语理解

一、听句子，选择正确的词语

1-2
1. 他一直<u>渴望</u>参加一次奥运会。
2. 你们要<u>树立</u>信心，这次一定能够拿冠军。
3. 要想获得观众的好评，必须考虑观众的<u>内心</u>感受。
4. 这件事，我也是<u>偶然</u>听别人提起的。
5. 年轻人<u>肩负</u>着祖国未来的希望。

二、听对话，回答问题

1-3
1. 男：听说你们公司进入世界五百强了。
   女：是啊，我也是刚刚从同事那里得知这一消息的。
   问：女士是从哪里了解到公司进入世界五百强的消息的？

2. 女：现在是公司最忙的时候，老张为什么突然走了？
   男：他老家出了变故，需要回去处理一下儿。
   问：老张为什么突然走了？

3. 男：你弟弟考了三次，终于考上了理想的大学。你们全家都为他感到高兴吧？
   女：当然了，特别是我父母，都为他的成功感到欣慰。
   问：女士的弟弟考上了理想的大学，家里人有什么反应？

4. 女：你离开家乡有十年了吧？这次回去，感觉家乡怎么样？
   男：好家伙，感觉家乡有了翻天覆地的变化，我都快不认识了。
   问：男士感觉家乡的变化怎么样？

5. 男：看到有人落水，你们是怎么做的？
   女：我们几个都不会游泳，一个个束手无策，只能打110。
   问：他们看到有人落水，是怎么做的？

语句理解

一、听录音，填空并朗读

1-4

多年来，每到这一天，这盏灯就会被我们兄妹<u>点燃</u>。无论我们走多远，走到哪里，都会在这一天赶回家，一家人围在一起，<u>亲切地交谈</u>，说开心的话，说自己这一年的成绩。这盏灯就这样静静地照着我们。我相信，在我们一家人之间，仍然有父亲的<u>呼吸</u>，<u>行走</u>在另一个世界的父亲也一定<u>感受</u>到了它的光芒与<u>温暖</u>。

二、听录音，跟读句子，并用画线词语各说一句话

1-5
1. 十年前，父亲由于一次<u>偶然</u>的变故去世了。
2. 他吃了几天药，可是病情<u>依旧</u>没有好转。
3. 在那里，你可以亲身<u>感受</u>到普通人的生活。
4. 那里的人民<u>渴望</u>过一种没有战争的平静生活。

语段理解

二、听对话，做练习

1-6
儿子：爸，我们暑假需要参加社会实践活动。我偶然得知，咱们老家新建了一所敬老院，我打算利用这两个月假期，去那里做义工。

父亲：是该回家乡看看了，自从你爷爷奶奶去世之后，我们就一直没回去过。

儿子：听说咱们老家过去是个穷山村？

父亲：可不是嘛！在我小时候，因为穷，村里的年轻人都跑到外地去工作，姑娘们也都嫁到外乡，很多人家里只剩下老人，过着孤独的日子。那时候，村里连个电话都没有，万一哪家发生什么变故，都是村里老人互相帮忙，无法及时联系到他们远在他乡的子女。有的老人去世后，下葬时都没有亲人给他们送终。如果不是生活在他们身边，你真的无法了解他们内心的感受。

儿子：据介绍，这些年那里发生了翻天覆地的变化，特别是建了敬老院以后，在街上，很少看到孤身行走的老人的身影，在家中，生病的老人再也不会束手无策地等死。在那里，老人们能够体会到人间的温暖，开心地走完最后的岁月。

父亲：听到这些消息，真为家乡的老人感到欣慰。为家乡的老人做一份贡献，的确是你们年轻人肩负的责任。

儿子：我也这么想。我们去那里照顾老人，让他们感受到亲情的存在，树立渴望过上幸福的晚年生活的信念。

父亲：对，这正是我们这一代人对你们年轻人的期望。

（一）听第一遍录音，填空

  1. 得知 2. 感受 3. 束手无策 4. 欣慰 5. 信念

（二）听第二遍录音，判断正误

  1. × 2. √ 3. × 4. √

听说（二）　邻居张爷爷

2-1

1	苍老*	cānglǎo	形	old (in appearance), hoary
2	和善	héshàn	形	mild, genial
3	拮据	jiéjū	形	short of money
4	奔波	bēnbō	动	to be busy running about
5	统计	tǒngjì	动	to count
6	饱含	bǎohán	动	to be full of
7	怜爱*	lián'ài	动	to have tender affection for
8	闪烁*	shǎnshuò	动	to twinkle
9	自言自语	zìyán-zìyǔ		to soliloquize, to talk to oneself
10	捐款	juānkuǎn		to donate
11	赞助	zànzhù	动	to sponsor
12	天堂*	tiāntáng	名	paradise

第2课 老有所依 老有所为

13	贫困	pínkùn	形	poor
14	单薄*	dānbó	形	thin and weak
15	居住	jūzhù	动	to dwell, to reside
16	记事儿	jìshìr	动	to remember things
17	从未*	cóng wèi		never
18	破旧*	pòjiù	形	old and shabby
19	路人	lùrén	名	passerby
20	挨个儿	āi gèr		in turn, one by one
21	而后*	érhòu	连	then
22	废品	fèipǐn	名	waste product
23	收购	shōugòu	动	to purchase
24	贴补	tiēbǔ	动	to subsidize, to help financially
25	竟然	jìngrán	副	unexpectedly
26	购买	gòumǎi	动	to buy, to purchase
27	用品	yòngpǐn	名	articles for use
28	泪花儿	lèihuār	名	tears in one's eyes
29	整整*	zhěngzhěng	副	fully, whole

词语理解

一、听对话，回答问题

2-2
1. 男：你说老王还不到五十岁？我以为他六十多了呢。
   女：他工作比较辛苦，一天到晚在外面跑，所以显得苍老。
   问：男士为什么感觉老王像六十多岁的人？

2. 女：为什么为他下葬的时候去的人那么多？
   男：因为他为人和善，小区里的人没有不说他好的。
   问：为老人下葬的时候，为什么去的人那么多？

3. 男：我很少看见张师傅穿新衣服。
   女：他的收入少，妻子又有病，所以生活比较拮据。
   问：张师傅家的生活怎么样？

4. 女：我怎么从来没见你去过公园？
   男：一天到晚在外面奔波，哪儿有时间去公园啊？
   问：男士为什么从来不去公园？

5. 男：我们国家男人的平均身高真的不如欧洲吗？我有点儿不相信。
   女：这些数字是有关部门统计出来的，不相信也没办法。
   问：男士对统计数字抱什么态度？

二、选出与所听到的句子意思相近的一项

2-3
1. 我们劝了他很多次，可是他依旧不改，抽烟喝酒哪个也不想放弃。（C）
2. 校长饱含深情地向每一位毕业生送出自己的祝福和希望。（B）
3. 这孩子眼睛一闪一闪的，好像会说话，真叫人怜爱。（A）
4. 远处的一只只小船闪烁着点点的灯光，与天上的星星连成一片。（B）
5. 她胆子很小，上课回答问题时声音很低，更像是自言自语。（C）

语句理解

一、听录音，跟读句子，并替换画线部分各说一句话

2-4
1. 每到这一天，<u>这盏灯就会被我们兄妹点燃</u>。
2. 我相信，<u>在我们一家人之间，仍然有着父亲的呼吸</u>。
3. 黑夜像一条奔腾的大河，<u>覆盖着我单薄的身影和寂寞的心思</u>。
4. 我们都不想让<u>带着一生的遗憾和牵挂离开这个家庭的父亲再为他的儿女们伤心</u>。

二、听录音并跟读，谈谈自己的理解与感受

2-5

游子吟

[唐] 孟郊

慈母手中线，游子身上衣。
临行密密缝，意恐迟迟归。
谁言寸草心，报得三春晖？

第 2 课 老有所依 老有所为

语段理解

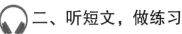

二、听短文，做练习

张爷爷走了，从此我们居住的这条街上再也看不到那个熟悉的身影了。

张爷爷是我的邻居，从我记事儿时起，就知道他是我们这条街上扫马路的。我还知道他从未结过婚，一直是孤身一人。张爷爷生活得很苦，从未见他穿过新衣服，即使是寒冷的冬天，他也总是穿着有些破旧的单薄的工作服，低着头扫马路。张爷爷对人和善，遇到路人，不管认识不认识，他那苍老的脸上总是堆着微笑；遇到我们这些孩子，他的眼里也饱含着怜爱的目光。

张爷爷退休以后，似乎更忙了，每天骑着被他称为"宝马"的小三轮车，依旧在他工作过的街道上奔波。不过，他不再扫马路，而是一个垃圾桶又一个垃圾桶地挨个儿找饮料瓶，而后送到废品收购站。据说一个饮料瓶能换回几分钱。我们都以为，那是因为他穷，用捡来的饮料瓶换钱贴补家用。

张爷爷去世以后，作为一个普通人的他竟然登上了报纸。我们这才知道，虽然他自己的生活过得很拮据，但是无论中国什么地方发生了大的灾害，他都会捐款。我们也才知道，不知从哪一年开始，他每年都给附近一所小学送去一笔钱，赞助贫困学生购买学习用品。就在他去世前几天，他送去了最后一笔钱，并且自言自语地说："也许这是最后一笔了。"说这话的时候，替学生们收下这笔钱的老师们，个个眼里都闪烁着泪花儿。据学校统计，他赞助给贫困学生的钱，整整三十五万元。

张爷爷走了，希望他老人家在天堂能过上幸福的日子。

（一）听第一遍录音，填空

　　1.单薄　　2.苍老　　3.贴补　　4.拮据　　5.闪烁

（二）听第二遍录音，判断正误

　　1. ×　　2. ×　　3. √　　4. ×　　5. √

第 3 课　中国的饮食文化

听说（一）　家乡的面

1	饮食*	yǐnshí	名	food and drink
2	炸	zhá	动	to fry
3	酱	jiàng	名	sauce
4	削	xiāo	动	to pare, to whittle
5	菜系*	càixì	名	cuisine
6	刺激	cìjī	动	to provoke, to stimulate
7	食欲	shíyù	名	appetite
8	穿越	chuānyuè	动	to travel back in time
9	偏爱*	piān'ài	动	to show favoritism to sb./sth.
10	品尝*	pǐncháng	动	to taste
11	展示	zhǎnshì	动	to show
12	独具特色*	dújù-tèsè		unique
13	首屈一指	shǒuqū-yìzhǐ		to come first at the list, second to none
14	家喻户晓*	jiāyù-hùxiǎo		Everyone knows about it.
15	津津有味*	jīnjīn-yǒuwèi		with interest, with a good appetite
16	必不可少	bìbùkěshǎo		necessary
17	上瘾*	shàng yǐn		to get into the habit(of doing sth.)
18	美食*	měishí	名	delicious food

19	调料	tiáoliào	名	seasoning
20	风味*	fēngwèi	名	special flavour
21	体验	tǐyàn	动	to experience
22	辣椒	làjiāo	名	chilli
23	拌	bàn	动	to stir and mix
24	面码儿	miànmǎr	名	vegetables (mixed with noodles)
25	豆芽儿	dòuyár	名	bean sprout
26	青蒜	qīngsuàn	名	garlic sprouts
27	末儿	mòr	名	powder
28	冬菜	dōngcài	名	potherb mustard
29	蒜	suàn	名	garlic
30	葱	cōng	名	shallot
31	花椒	huājiāo	名	Chinese prickly ash
32	美味*	měiwèi	名	delicacy
33	佳肴*	jiāyáo	名	delicacy
34	面团	miàntuán	名	paste
35	特制	tèzhì	动	to manufacture for a special purpose
36	不知不觉*	bùzhī-bùjué		unconsciously

词语理解

一、听对话，回答问题

1-2   1. 男：为什么你们的家乡菜大多是辣的？
       女：按老人们的说法，吃辣的可以刺激食欲。
       问：女士的家乡菜为什么大多是辣的？

2. 女：现在电影和电视剧里面穿越的情景太多了,前一秒还是现代生活,后一秒跑到几百年前去了。
   男：这样可以让观众发挥他们的想象。你想穿越到古代吗?
   问：为什么现在影视剧里面有很多穿越的情景?

3. 男：你不爱吃北京的炸酱面吗?我怎么看你老吃山西刀削面。
   女：炸酱面我也喜欢吃啊!不过和炸酱面比起来,我偏爱刀削面。
   问：女士更爱吃什么面?

4. 女：超市里有很多免费食品,可我从来没见你过去品尝。
   男：要是你过去品尝,他们会不停地向你宣传他们的食品怎么怎么好,你想走都走不开。
   问：男士为什么不愿意品尝超市里的免费食品?

5. 男：听说你去食品展览会了?没买点儿什么好吃的回来?
   女：他们展示的食品看起来都不错,可是只展览不卖。
   问：女士为什么没买好吃的食品回来?

二、选出与所听到的句子意思相近的一项

1-3

1. 这里的工艺品独具特色,在别处买不到。　　　　　　　　　　　　（ B ）
2. 这所学校的教学水平在我们国家首屈一指。　　　　　　　　　　（ A ）
3. 对新的交通规则要大力宣传,做到家喻户晓。　　　　　　　　　（ C ）
4. 他的食欲很强,吃什么都津津有味。　　　　　　　　　　　　　（ A ）
5. 在学开车之前,交通规则的考试是必不可少的。　　　　　　　　（ B ）

语句理解

一、听录音,跟读句子,并用画线词语各说一句话

1-4

1. 山西人<u>爱</u>吃醋,无锡人<u>好</u>食甜,湖南、四川人<u>喜</u>辣椒。
2. 老北京的美食<u>当数</u>全聚德的烤鸭。
3. 这时候吃烤鸭,没有肥腻感<u>才怪呢</u>。
4. 臭豆腐<u>闻着</u>臭,<u>吃起来</u>却是香的。
5. 到了现当代,北京<u>依然</u>是一个充满活力的城市。

第3课 中国的饮食文化

二、听录音，跟读句子，并解释画线词语

1-5
1. 这种运动风行一时，老人孩子都喜欢。
2. 发生这一悲剧的罪魁祸首，其实就是我们都太爱面子了。
3. 他对玩儿这种游戏乐此不疲，常常一玩儿就是一宿。
4. 这里的风景太美了，来这里游玩的人大多流连忘返，舍不得离去。

语段理解

 二、听对话，做练习

1-6
学生A：改天我请你们去一家北京风味的饭馆儿品尝一下儿地道的炸酱面。那儿的服务员都穿着清朝的衣服，到了那里，感觉我们自己也穿越到了清朝。炸酱面的味道也不错，不仅炸出来的酱很香，拌面的面码儿也很多，其中黄瓜、豆芽儿、青蒜什么的是必不可少的，再放上一点儿醋，吃起来津津有味。

学生B：说起面条儿，我们四川的老百姓偏爱担担面。担担面好吃就好吃在面的调料上。面煮好后，放入肉末儿、冬菜、蒜末儿、葱末儿等，再加上花椒面儿、辣椒油，别提多香了。虽说担担面不像各大菜系的美味佳肴那样家喻户晓，可也算是一种美食呢，保证会让你吃上瘾，下次来了还想吃。

学生C：你们主要谈的是味道，要是从技术上看，我们山西的刀削面那可算是首屈一指呢。做刀削面需要一定的技术，师傅一手托着面团，一手拿着特制的刀，一片一片把面削到锅里。在这里，客人既吃了面条儿，也欣赏了表演，体验了饮食文化。

学生D：提到技术表演，我们甘肃的兰州拉面也算一个。要知道，做拉面不用刀，不用机器，那细长的面条儿全是靠师傅用手拉出来的。吃拉面，师傅展示的独具特色的表演，一定不能错过，真是一种享受呢。这种表演，能够刺激你的食欲，让你不知不觉就吃上两大碗。

（一）听第一遍录音，判断正误

1. ×   2. √   3. ×   4. √

17

（二）听第二遍录音，填表

名　　称	所属地区	特　　点
炸酱面	北　京	炸出来的酱很香，拌面的面码儿也很多
担担面	四　川	调料多，好吃，辣
刀削面	山　西	吃面的同时可以欣赏削面的技术表演
拉　面	甘　肃	面条儿是师傅用手拉出来的

2-1

听说（二）　吃与文化

1	谐音	xiéyīn	动	to be homophonic
2	心理	xīnlǐ	名	psychology, mind
3	构筑*	gòuzhù	动	to construct (military works), to build
4	融会*	rónghuì	动	to blend
5	长命百岁	chángmìng-bǎisuì		to live to a ripe old age
6	时分	shífēn	名	time
7	组成	zǔchéng	动	to form, to make up
8	讲究	jiǎngjiū	动	to be particular about, to pay much attention to
9	象征	xiàngzhēng	动	to symbolize
10	祝福	zhùfú	动	to bless, to wish
11	长久	chángjiǔ	形	permanent, for a long time
12	辞旧迎新	cíjiù-yíngxīn		to ring out the old year and ring in the New Year
13	百年好合	bǎinián-hǎohé		a harmonious union lasting a hundred years
14	早生贵子	zǎoshēngguìzǐ		to have a baby soon
15	粥	zhōu	名	porridge
16	古话	gǔhuà	名	old saying

第3课　中国的饮食文化

17	食	shí	名	food
18	相交	xiāngjiāo	动	to intersect
19	年糕	niángāo	名	rice cake
20	长寿	chángshòu	形	longevity
21	大喜	dàxǐ	动	to have great rejoicing
22	婚宴	hūnyàn	名	wedding feast
23	菜肴*	càiyáo	名	cooked dishes
24	动脑筋	dòng nǎojīn		to think hard
25	百合	bǎihé	名	lily
26	糕点*	gāodiǎn	名	cookie, cake
27	新婚	xīnhūn	动	newly-married
28	夫妇	fūfù	名	couple
29	枣	zǎo	名	jujube
30	花生	huāshēng	名	peanut
31	桂圆	guìyuán	名	longan
32	莲子	liánzǐ	名	lotus nut
33	祝愿	zhùyuàn	动	to wish

词语理解

一、听句子，选择正确的词语

2-2
1. 这种不求进步的<u>心理</u>影响着你的学习成绩。
2. 学校各部门都在开展各项体育活动，<u>构筑</u>校园体育文化。
3. 此次中华传统小吃大赛<u>融会</u>了中国各地的饮食文化。
4. 祝您身体健康，<u>长命百岁</u>。
5. <u>梦醒时分</u>，她似乎还沉浸于梦中没有完全醒过来。

语句理解

一、听录音，跟读句子，并说说画线词语的意思

2-3　　嗳，那天我<u>瞜</u>你去了，你没在家，我<u>溜溜儿</u>等你半天，你<u>压根儿</u>也没露面。得了，我也撒<u>丫子</u><u>颠儿</u>了。

1. 瞜：看。　　2. 溜溜儿：整整。　　3. 压根儿：根本，从来。
4. 丫子：脚。　　5. 颠儿：跑。

二、听录音，复述并解释儿歌的意思，讨论与之相关的年节文化

2-4　　孩子孩子你别馋，过了腊八就是年。
　　腊八粥，喝几天，哩哩啦啦二十三。
　　二十三，糖瓜粘；二十四，扫房子；
　　二十五，磨豆腐；二十六，割年肉；
　　二十七，杀公鸡；二十八，把面发；
　　二十九，蒸馒头；三十晚上熬一宿；
　　大年初一扭一扭。

语段理解

二、听短文，做练习

2-5　　中国有一句古话，叫作"民以食为天"。中国人对吃很重视，对于吃什么、怎么吃、什么时候吃、为什么要吃某种食物等，都是有讲究的，我们称之为中国的饮食文化。要了解中国的饮食文化，就要了解中国人在吃的方面的文化心理。

　　说起饮食文化，首先要提到的当然是春节。春节是中国最重要的节日，很多人都知道中国人在新年到来的零点时分要吃饺子，为什么要在这个时候吃饺子呢？因为这个时刻在过去叫"子时"，新的一年和过去的一年相交于子时，所以把这一时刻吃的食物称为"交子"，后来改称为"饺子"，意思是要辞旧迎新。春节时很多家庭还要吃年糕，象征生活水平"年年高"。另外，春节时还要吃鱼，"鱼"与"多余"的"余"谐音，新年吃鱼代表的是"年年有余"的意思。

　　现在人们在过生日的时候，大多模仿西方的习惯，吃生日蛋糕。其实，过生日的时候人们也吃面条儿。面条儿要做得又细又长，称之为"长寿面"。用长长的面条儿祝福过生日的人长命百岁，健康长寿。

　　结婚是大喜的日子，中国人在准备婚宴上的菜肴时，也是要动一番脑筋的。

第3课 中国的饮食文化

婚宴上，要有以百合为原料做的菜或糕点，取"百年好合"之意，是祝福新婚夫妇爱情长久、生活幸福的。还要让新婚夫妇喝一种特别的粥，里面放了红枣、花生、桂圆和莲子四种食物，各取一字，组成"早（枣）生贵（桂）子"之意，是对新婚夫妇的一种美好祝愿。

中国人把语言文化、历史文化和年节文化融会在一起，构筑了中国的饮食文化。

（一）听第一遍录音，填空
1. 民以食为天　　2. 文化心理　　3. 年年有余　　4. 长寿面　　5. 百年好合

（二）听第二遍录音，判断正误
1. √　　2. ×　　3. ×　　4. √　　5. ×

第 4 课　人类的朋友

听说（一）　要是我有钱

1	宠物*	chǒngwù	名	pet
2	喂养*	wèiyǎng	动	to feed, to raise
3	收养*	shōuyǎng	动	to adopt
4	微弱*	wēiruò	形	weak
5	清理	qīnglǐ	动	to clear, to put in order
6	颤抖	chàndǒu	动	to shiver
7	凝视*	níngshì	动	to stare, to gaze fixedly
8	玩耍*	wánshuǎ	动	to play, to have fun
9	逗弄*	dòunòng	动	to tease, to kid
10	眼神*	yǎnshén	名	expression in one's eyes
11	求助	qiúzhù	动	to ask for help
12	流浪	liúlàng	动	to roam about
13	瑟瑟发抖	sèsè-fādǒu		to tremble, to shiver
14	兴高采烈*	xìnggāo-cǎiliè		in high spirits
15	可怜巴巴	kěliánbābā	形	pitiable, pathetic
16	酒足饭饱	jiǔzú-fànbǎo		satiated
17	恶作剧*	èzuòjù	名	a pratial joke, mischief
18	歉疚*	qiànjiù	形	to feel sorry

第4课　人类的朋友

19	传递*	chuándì	动	to deliver, to pass on
20	挣（钱）	zhèng(qián)	动	to earn (money)
21	可口	kěkǒu	形	delicious
22	纯净	chúnjìng	形、动	pure; to purify
23	偶尔	ǒu'ěr	副	occasionally
24	浓	nóng	形	stong, great
25	爱意	àiyì	名	love
26	入睡*	rùshuì	动	to fall asleep
27	陪伴*	péibàn	动	to accompany
28	角落	jiǎoluò	名	corner
29	行人	xíngrén	名	pedestrian
30	略	lüè	副	a little
31	凄惨	qīcǎn	形	miserable, tragic
32	随之	suí zhī		with it, thereupon
33	定期	dìngqī	形	regular, at regular intervals
34	梳洗	shūxǐ	动	to clean up, to wash and dress

词语理解

一、听句子，选择正确的词语

1. 多年前老人收养的残疾儿童，现在已经18岁了。
2. 刮倒的大树下面传来微弱的呼救声。
3. 请把这几间宿舍清理一下儿。
4. 那只小鸟在寒风中不停地颤抖。
5. 他凝视着墙上爷爷的画像，心里有很多话想对爷爷说。
6. 孩子每天放学回家，都要和家里的小狗一起玩耍。
7. 看到姑娘求助的眼神，他忽然明白发生了什么。

博雅汉语听说·中级冲刺篇 II
听力文本及参考答案

 二、选出与所听到的句子意思相近的一项

1-3
1. 看到流浪狗在寒风中瑟瑟发抖，她就把狗抱回了家。（ A ）
2. 我们的球队得了冠军，全场观众兴高采烈，又唱又跳。（ B ）
3. 看她那副可怜巴巴的样子，老师也不忍心给她不及格了。（ B ）
4. 酒足饭饱之后，我们又一起去 KTV 了。（ C ）
5. 你别听他的，那只是同学们搞的一场恶作剧。（ C ）

语句理解

一、听录音，填空并朗读

1-4
1. 人有不同个性，猫，又何尝不是？
2. 谁说沟通一定需要通晓人言兽语？其实，那沉默的肢体表情可以有千万种不同的变化，可以<u>传递</u>极其细微的讯息。黑黑，这只与我们共处了11年的猫，就是这样与我们<u>交谈</u>的。
3. 每当月色如水，在有风的阳台上，人和猫常常这样安静地站着，彼此静静地传达着许多讯息，关于<u>温暖</u>，关于<u>愉悦</u>，以及，关于<u>寂寞</u>……

二、听录音，跟读句子，并用画线词语各说一句话

1-5
1. 为了能考出好成绩，大家都在<u>全力以赴</u>地做着高考前的冲刺准备。
2. 我满怀<u>歉疚</u>地看着被我撞伤的小女孩儿，不知该怎么安慰她才好。
3. 每当父母为一点儿小事争吵起来，小丽总是<u>作壁上观</u>，静静地在一边看书。
4. 我家的猫<u>善解人意</u>，在我写作的时候总是静静地卧在我身边，从不吵闹。

语段理解

 二、听短文，做练习

1-6
要是我有钱，我想喂养一只宠物，比如，养一只猫。每天下课回到家，我要做的第一件事就是清理猫砂，把它"方便"的地方打扫干净。然后在它的饭碗和水碗里补充新鲜的猫粮和纯净水，看着它兴高采烈地扑向"食堂"，连吃带喝。等它"酒足饭饱"之后，我会和它一起玩耍，逗弄它，偶尔给它搞个小小的恶作剧，或者只是静静地凝视着它，通过我的眼神向它传递我一整天没有和它在一起的歉疚，以及对它的浓浓爱意。最后，我要让它躺在我的床头，跟我一起入睡，陪伴我一直到天亮。

要是我有更多的钱，我想收养几只生活在学校不同角落的流浪猫。在去教室

24

或者食堂的路上，总能看到它们可怜巴巴地望着来来往往的行人，从它们微弱的略带凄惨的叫声中，可以感受到它们的求助。每次我从食堂出来，总要带一些专门为它们买的小食品。到了冬天，看到它们在风雪中躲在墙角瑟瑟发抖的样子，我的心也会随之颤抖。如果我有足够的钱，何不给它们一个温暖的家呢？

要是我将来发了财，我就建一个流浪动物救助站，让那些爱猫爱狗的人，把他们在路上见到的流浪猫、流浪狗都送到我这里来，我要亲自给它们做可口的饭菜，定期给它们梳洗，治好它们身上的伤病，然后把那些恢复健康的小家伙，送给有爱心的人们，让它们在新的家庭里，在"爸爸""妈妈""哥哥""姐姐"的照顾下，快乐地度过一生。

为了早一点儿实现我的愿望，我现在要努力学本领，为以后挣更多的钱做准备。

（一）听第一遍录音，填空
1. 玩耍　恶作剧　　2. 收养　角落　　3. 凄惨　求助　　4. 可口　梳洗

（二）听第二遍录音，判断正误
1. ×　　2. ×　　3. √　　4. √

听说（二）　学校里的"学术猫"

1	占据	zhànjù	动	to take over, to occupy
2	通晓*	tōngxiǎo	动	to understand thoroughly
3	特意	tèyì	副	specially
4	思考	sīkǎo	动	to think deeply
5	耍弄*	shuǎnòng	动	to make fun of
6	不速之客	búsùzhīkè		uninvited guest
7	一席之地	yìxízhīdì		a tiny space
8	不同寻常	bùtóng-xúncháng		out of ordinary
9	习以为常	xíyǐwéicháng		to be accustomed to
10	轻描淡写	qīngmiáo-dànxiě		to mention lightly

11	个性*	gèxìng	名	personality
12	理科	lǐkē	名	science
13	学科	xuékē	名	subject, course
14	数一数二	shǔyī-shǔ'èr		at the top of
15	荣耀	róngyào	形	honorable
16	相处*	xiāngchǔ	动	to get along with
17	趴	pā	动	to lie on one's stomach
18	学府	xuéfǔ	名	college
19	堂而皇之	táng'érhuángzhī		with no scruple
20	眨	zhǎ	动	to blink
21	盯	dīng	动	to stare
22	书写*	shūxiě	动	to write
23	沉思	chénsī	动	to ponder, to be lost in thought
24	课间	kèjiān	名	break, playtime
25	抚慰*	fǔwèi	动	to comfort, to console

词语理解

一、听对话，回答问题

1. 男：那家公司实力怎么样？
   女：他们占据了国内的主要市场，我们争不过他们。
   问：那家公司怎么样？

2. 女：他比你们都年轻，怎么一下子就当上业务经理了？
   男：他通晓七八种语言，我们可比不过他。
   问：男士为什么说自己比不过业务经理？

第4课　人类的朋友

3. 男：这么漂亮的手套是在哪儿买的？
　　女：是我出国旅行时特意买的，在国内根本买不到。
　　问：女士的手套是在哪儿买的？

4. 女：他怎么了？球传到他脚下，怎么不传出去？
　　男：很多球迷说他当时是在"思考人生"。
　　问：球迷们是怎么批评他的？

5. 男：大家玩儿得好好儿的，她怎么忽然哭起来了？
　　女：她不喜欢玩儿这种游戏，觉得自己被耍弄了。
　　问：她为什么忽然哭起来了？

6. 女：你的作文成绩怎么那么差？
　　男：老师说我汉字书写得不整齐。
　　问：男士的作文成绩为什么这么差？

二、选出与所听到的句子意思相近的一项

1. 联欢会上，大家正在唱歌跳舞，忽然来了一位不速之客。　　（C）
2. 只有经过自己的不断努力，才能在公司里占据一席之地。　　（B）
3. 学校里需要像你这样不同寻常的教师。　　（C）
4. 在我们这里，这样的天气我们都习以为常了。　　（B）
5. 你轻描淡写地承认自己的错误，是不会得到大家的原谅的。　　（A）

语句理解

一、听记句子，并谈谈自己的认识

1. 每只猫都有自己的个性。
2. 每当猫高兴的时候，它就发出呼噜呼噜的声音。
3. 家里养的猫总是很善解人意。
4. 猫的眼睛可以传递极其细微的讯息。
5. 猫会用眼神与主人交谈。

二、听记下面与猫有关的词语和句子，讨论其本义和引申义

1. 照猫画虎　　　　2. 猫哭老鼠
3. 阿猫阿狗　　　　4. 老鼠见猫
5. 不管黑猫白猫，能捉老鼠的就是好猫。

语段理解

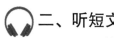
二、听短文,做练习

说起北京大学,谁都知道,那是中国数一数二的高等学府,很多国内外的年轻人,都把考入北大当作人生中最荣耀的一件事。不过你可知道,有一位不速之客没有经过任何考试,就堂而皇之地占据了北大教室的一席之地。它是谁呢?

在北京大学理科教学楼的一间教室,不知从哪一天起,来了一位"学生",谁都说不上它是哪个系的,因为不管哪个系哪个专业在这里上课,它总是占据教室最后一排的一张课桌,不吵不闹、不吃不喝,安静地趴在课桌上,和教室里的学生们一起,听不同的教授讲课,似乎它通晓各个学科的学问。开始大家以为是偶然现象,后来它来的次数多了,大家觉得这是一只不同寻常的小家伙,每到上课的时候,就特意把那张课桌留给它,与它和平相处,并把它叫作"学术猫"。

学术猫是一只很有个性的猫,它在听课的时候,有时眼睛会眨都不眨地盯着教授在黑板上书写的内容,无论是中文还是英文,似乎它都能看得懂。有时低头做出沉思的样子,似乎在思考"人生"。开始,学生们对它充满了好奇,上课时,会时不时回头看上几眼,课间的时候摸上两把,抚慰它,或者耍弄它。后来,大家对这位"同学"的到来习以为常了,只有当别人问起这只猫的时候,才轻描淡写地说一句:"哦!你是说它呀!我们学校的学术猫。"

(一)听第一遍录音,判断正误

1. √   2. ×   3. ×   4. √

第 5 课 战胜命运

听说（一） 你是我的眼

1-1

1	惊喜	jīngxǐ	形	surprised
2	出色*	chūsè	形	excellent
3	奖励	jiǎnglì	动	to reward
4	分辨	fēnbiàn	动	to distinguish, to differentiate
5	深情	shēnqíng	形	soulful
6	轻易	qīngyì	副	easily
7	浩瀚	hàohàn	形	vast
8	拥挤	yōngjǐ	形	crowded
9	吃力*	chīlì	形	strenuous
10	征服*	zhēngfú	动	to conquer, to subjugate
11	赞扬	zànyáng	动	to praise, to commend
12	培养	péiyǎng	动	to cultivate, to educate
13	自强不息	zìqiáng-bùxī		to exert oneself constantly
14	慷慨激昂	kāngkǎi-jī'áng		fervent and excited
15	运用自如*	yùnyòng-zìrú		to handle sth. skillfully
16	微不足道*	wēibùzúdào		to be not worthy of mention
17	不知所措*	bùzhī-suǒcuò		at a loss
18	天分	tiānfèn	名	talent

29

19	人群	rénqún	名	crowd
20	驾	jià	动	to drive
21	遨游	áoyóu	动	to roam, to ramble
22	身世	shēnshì	名	one's life experience
23	确认	quèrèn	动	to confirm
24	盲人	mángrén	名	blind person
25	拉链*	lāliàn	名	zipper
26	纽扣*	niǔkòu	名	fastener
27	剪刀*	jiǎndāo	名	scissor
28	笨拙*	bènzhuō	形	clumsy
29	操劳	cāoláo	动	to work hard
30	领略	lǐnglüè	动	to appreciate
31	四季	sìjì	名	four seasons
32	变换	biànhuàn	动	to vary, to shift
33	人潮	réncháo	名	crowd

词语理解

1-2

一、听句子，选择正确的词语

1. 这孩子学习十分努力，每次考试都会给父母带来惊喜。
2. 这是对你们出色地完成这次志愿者服务活动的奖励。
3. 外面下起了大雨，马路对面的建筑都分辨不清了。
4. 她深情地望着我，一句话也没说。
5. 只要有一点儿希望，我们就不会轻易放弃。
6. 他这一生唯一的朋友，就是图书馆那浩瀚的书海。

第5课　战胜命运

二、听对话，回答问题

1. 男：你不是带孩子去公园了吗？怎么这么早就回来了？
   女：今天是周末，公园里的人实在是多，太拥挤了。
   问：女士为什么很早就回来了？

2. 男：你为什么报考文科？
   女：我的数理化成绩不好，学习理科太吃力了。
   问：女士为什么要报考文科？

3. 女：那位歌星不是只演唱一场吗？
   男：昨天的演唱征服了每一位听众，因此要加演两场。
   问：那位歌星的演唱会为什么要加演两场？

4. 男：咱们隔壁的刘大夫从非洲回来了。
   女：是啊，听说他在非洲工作得非常出色，受到普遍的赞扬。
   问：刘大夫在非洲工作得怎么样？

5. 女：您的孩子考上了重点大学，祝贺您啊！
   男：首先得感谢您和学校各位老师的培养。
   问：女士是做什么工作的？

三、选出与所听到的句子意思相近的一项

1. 自强不息的精神使他们在奥运会上取得了优秀的成绩。（C）
2. 面对敌人的枪口，他慷慨激昂地发表了人生最后一次演讲。（C）
3. 这本英语词典上的单词他都能背下来，而且运用自如。（A）
4. 相比大家做出的贡献，我的那点儿成绩是微不足道的。（B）
5. 工厂里发生了安全事故，工人们急得不知所措。（B）

语句理解

一、听录音，填空，并用所填词语各说一句话

1. 读报纸、聊天儿、看电视，<u>诸如此类</u>的事情很适合老年人。
2. 那一年正赶上经济危机，他<u>一度</u>丢掉了工作。
3. 施工给这里的居民带来了<u>诸多</u>不便。
4. 不管你同意<u>与否</u>，这件事情就这么决定了。
5. 我同意不同意是另一回事，你<u>起码</u>应该事先告诉我。

语段理解

二、听短文，做练习

"如果我能看得见，就能轻易地分辨白天黑夜，就能准确地在人群中牵住你的手；如果我能看得见，就能驾车带你到处遨游，就能惊喜地从背后给你一个拥抱；如果我能看得见，生命也许完全不同，可能我想要的我喜欢的我爱的都不一样。"人们第一次听到这首歌时，被慷慨激昂的歌声所征服；而当人们了解了歌手的身世，更是被他自强不息的奋斗经历所感动。

他出生在一个普通家庭，有一个坚强的母亲。当母亲确认他是一个天生的盲人后，就开始为他设计将来的生活。从穿衣服开始训练他，教他拉拉链，扣纽扣，每当他吃力地学会一个新的生活本领，母亲都会给他赞扬和奖励。当他学习使用剪刀，笨拙地划破了手指而哭得伤心的时候，母亲耐心地帮他反复训练，直到运用自如；当他学习做饭不小心摔碎了盘子而不知所措的时候，母亲告诉他，比起学会做菜，摔碎盘子是微不足道的。

母亲发现他有出色的音乐天分，就在这方面对他重点培养。她每天陪他听音乐，"看"电视，请老师教他吹萨克斯管，唱民族歌曲，并把他送进残疾人艺术团。

母亲的辛苦没有白费。在一次歌曲大赛中，他以一首《你是我的眼》获得了冠军，并将这首歌献给操劳一生的母亲。他深情地唱道："你是我的眼，带我领略四季的变换；你是我的眼，带我穿越拥挤的人潮；你是我的眼，带我阅读浩瀚的书海；因为你是我的眼，让我看见这世界就在我眼前。"

（一）听第一遍录音，填空

1. 轻易　准确　遨游　拥抱
2. 领略　变换　穿越　人潮　浩瀚

听说（二）　不屈的灵魂

1	不屈	bùqū	动	not to yield to
2	乐曲	yuèqǔ	名	musical composition
3	经典	jīngdiǎn	形	classical
4	令人震撼	lìng rén zhènhàn		amazing, astonishing
5	日渐	rìjiàn	副	day by day

第5课 战胜命运

6	衰弱	shuāiruò	形	weak, feeble
7	宏伟	hóngwěi	形	magnificent
8	执着	zhízhuó	形	persistent
9	喜悦	xǐyuè	形	happy, joyful
10	激励	jīlì	动	to inspire
11	流芳百世	liúfāng-bǎishì		to leave a good name forever
12	追求	zhuīqiú	动	to pursue
13	源泉	yuánquán	名	source
14	不朽	bùxiǔ	动	to be immortal
15	打击	dǎjī	动	to hit
16	曲	qǔ	名	music
17	气概	qìgài	名	spirit, mettle
18	开场	kāi chǎng		to start
19	音符	yīnfú	名	musical note
20	敲打	qiāodǎ	动	to becot, to irritate
21	心灵	xīnlíng	名	soul, spirit
22	听觉	tīngjué	名	hearing, audition
23	听力	tīnglì	名	hearing
24	篇章	piānzhāng	名	article, chapter
25	岂不	qǐ bù		Isn't/Doesn't that...

词语理解

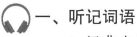

一、听记词语

1. 经典电影　　　经典乐曲　　　经典著作

2. 令人震撼　　　　令人感动　　　　令人尊敬
3. 日渐衰弱　　　　日渐进步　　　　日渐增多

二、听对话，回答问题

1. 男：儿子最近学习非常努力。
   女：是啊！他说只有考上名牌大学，才能实现他人生的宏伟计划。
   问：儿子为什么最近学习那么努力？

2. 女：我觉得我们的建议很合理，为什么老板不接受呢？
   男：他这个人啊，做事过于执着，他的决定别人很难改变。
   问：老板为什么不接受他们的建议？

3. 男：你们每年都要纪念这位女战士吗？
   女：是的，我们国家的人民永远都不会忘记这位坚强不屈的女英雄。
   问：人们为什么每年都要纪念这位女战士？

4. 男：这些女工的脸上堆满了喜悦的笑容。
   女：因为她们提前完成了今年的生产计划。
   问：女工们为什么那么开心？

5. 男：你们学校每年都要评选三好学生吗？
   女：是啊，这样可以激励学生更加全面地发展。
   问：学校为什么每年都要评选三好学生？

语句理解

一、听录音，跟读句子，并进行讨论

1. 你要是个左撇子，那你就去做一个出色的左撇子吧。
2. 左撇子是遗传的还是环境造成的，科学家们至今尚无定论。
3. 左撇子的动作要比使用右手的人来得更为敏捷。

二、听录音，连线

德国作曲家巴赫，是西方文化史上最重要的人物之一，被称为"西方近代音乐之父"。奥地利作曲家舒伯特，是早期浪漫主义音乐的代表人物，著名的《摇篮曲》即是他完成的。波兰钢琴家肖邦，作品以波兰民间歌舞为基础，同时深受巴赫影响，被誉为"浪漫主义钢琴诗人"。俄罗斯音乐教育家柴可夫斯基，被誉

为伟大的"俄罗斯音乐大师"和"旋律大师",代表作品有《天鹅湖》等。

语段理解

二、听对话,做练习

王平:李明,我刚才路过学校的音乐厅,看见售票处排着长队,今晚有什么演出吗?

李明:王平,你光顾看书了,这么重要的事情都不知道,国家交响乐团到我们学校来演出了,从今晚开始,连演三场,都是欧洲经典名曲,有贝多芬的《英雄交响曲》《命运交响曲》什么的。

王平:真的吗?我最喜欢听交响乐了,尤其喜欢听贝多芬的《英雄交响曲》。那雄壮的乐曲展现了宏伟的战争场面和战士的英雄气概,以及人们在战争胜利后的喜悦。每次听这首乐曲,都会有一种热血沸腾的感觉。

李明:可不是。还有最能代表贝多芬艺术风格的《命运交响曲》,我也是百听不厌。不说别的,一开场那四声令人震撼的音符,就敲打着我们的心灵。命运来敲门了!我们知道,贝多芬二十多岁听觉就日渐衰弱,直到老年听力完全丧失。这对一位音乐家来说是多么大的打击。但是凭着对生活的热爱和对艺术的执着追求,他战胜了命运,创作了流芳百世的不朽篇章。

王平:你说得太好了,听贝多芬的交响乐,对我们来说,是生活的激励,是力量的源泉。

李明:你可真是个贝多芬迷,要是送上门来的交响乐听不了,岂不太可惜了?

王平:是啊!现在去还能买到票吗?

李明:看把你急得!我呀,已经买好票了,本来想给你个惊喜。

王平:是吗?太感谢你了。今天我说什么也得请你吃饭!

(一)听第一遍录音,填空

1.连演三场 2.热血沸腾 3.百听不厌 4.令人震撼 5.流芳百世

(二)听第二遍录音,判断正误

1. ×   2. √   3. ×   4. √

第 6 课　戒烟与禁烟

听说（一）　戒　烟

1	戒（烟）	jiè（yān）	动	to quit (smoking)
2	烟叶	yānyè	名	tobacco leaf
3	卷烟*	juǎnyān	名	cigarette
4	狠命	hěnmìng	副	to use all the strength
5	烟圈儿*	yānquānr	名	smoke ring
6	烟卷儿	yānjuǎnr	名	cigarette
7	烟盒	yānhé	名	cigarette case
8	烟雾	yānwù	名	smoke, smog
9	缭绕	liáorào	动	to curl up, to wind around
10	塞	sāi	动	to stuff, to fill in
11	鼓	gǔ	动	to pout
12	敬	jìng	动	to offer politely
13	毒	dú	名、动	poison; to poison
14	致	zhì	动	to cause, to incur
15	叼*	diāo	动	to hold in the mouth
16	香烟	xiāngyān	名	cigarette
17	融洽	róngqià	形	harmonious
18	时兴	shíxīng	动	to be in vogue

第6课　戒烟与禁烟

19	注入	zhùrù	动	to inject
20	静脉	jìngmài	名	vein
21	下载	xiàzài	动	to download
22	满不在乎*	mǎnbúzàihu		not to care at all
23	烟袋锅子	yāndài guōzi		tobacco pipe
24	洋火*	yánghuǒ	名	matches
25	腮帮子*	sāibāngzi	名	cheek
26	悠然自得	yōurán-zìdé		carefree and leisurely
27	吵架	chǎo jià		to quarrel
28	身子*	shēnzi	名	body
29	硬朗	yìnglang	形	hale, strong
30	品牌	pǐnpái	名	brand
31	人体	réntǐ	名	human body
32	视频	shìpín	名	video

词语理解

一、听句子，填空

1-2
1. 爷爷年轻的时候抽的是烟叶，后来就改抽卷烟了。
2. 他狠命地吸上一口，然后吐出一个又一个的烟圈儿。
3. 爸爸给客人递上烟卷儿，两个人一起抽了起来。
4. 我小时候喜欢收藏烟盒。
5. 他们一抽起烟来就弄得满屋子烟雾缭绕。

二、听句子，选择正确的词语

1-3
1. 小张往箱子里塞进几件衣服。
2. 孩子鼓起小嘴儿，用力吹了一口气。
3. 你帮了我的大忙，我得好好儿敬你一杯。

37

4. 这种植物是有毒的，吃上一口就可能致人死亡。
5. 他嘴里叼着一支香烟。

三、听对话，回答问题

1-4

1. 男：你们公司新来的老板怎么样？
   女：不错，他跟公司员工的关系都很融洽。
   问：公司新来的老板怎么样？

2. 男：你上个月买的那条裙子呢？怎么不穿了？
   女：唉！现在不时兴了，送给别人了。
   问：女士为什么把裙子送给别人了？

3. 女：你知道这种药怎么使用吗？
   男：把它注入人的静脉中，很快就能起作用。
   问：这种药怎么使用？

4. 女：这首歌很好听，可是我不知道歌词。
   男：你可以在网上申请会员，然后下载。
   问：怎样能得到这首歌的歌词？

5. 男：老师为什么叫你去学校？
   女：我儿子考试没考好，老师批评他，可他却满不在乎。
   问：老师为什么叫女士去学校？

语句理解

一、听录音，跟读句子，并解释画线词语

1-5

1. 老听这一首歌曲，你不觉得腻味吗？
2. 她在穿着方面不太讲究，总认为无伤大雅。
3. 每天早上，他一定要去街心公园，和老朋友说说闲话儿聊聊天儿。
4. 一有了钱，老张就和几位老友找家饭馆儿，大快朵颐。
5. 你在大方之家面前做出这样的解答，不怕被人笑话吗？

二、听录音，跟读句子，并用画线词语各说一句话

1-6

1. 我们必须按学校的规定执行，谁也不能例外。
2. 他写的这篇论文得到了几位教授的赏识。

3. 李教授讲课很有意思，<u>不时</u>引起学生们的欢笑。
4. 你这算什么惊喜？我见得多了，一点儿也不<u>稀罕</u>。
5. 别在大家面前<u>做戏</u>了，没有人相信你的话。

语段理解

二、听短文，做练习

爸爸吸烟很多年了。我刚刚记事儿的时候，就常见爸爸嘴里叼着烟袋锅子，往里面塞一些烟叶，再用洋火点着以后，狠命地吸上一口，然后鼓起腮帮子，吐出一个又一个烟圈儿，一副悠然自得的样子。后来爸爸改抽卷烟，家里来了客人，爸爸给客人递上烟卷儿，两三个人坐在一起，一支又一支，不一会儿屋子里就烟雾缭绕了。

为吸烟这件事，当教师的妈妈没少跟爸爸吵架，告诉他抽烟不好，爸爸却总是满不在乎地说："我在工厂里工作，工厂里的工人有几个不抽烟的？每天到了工厂，你敬我一支，我敬你一支，大家关系融洽，要是大家都抽，就你不抽，人家可就瞧不起你了。"爸爸还举例说："你看咱们邻居老张，又抽烟，又喝酒，活到九十多了，身子还不是硬硬朗朗的？所以说，身体好坏跟抽烟没什么关系。"

刚时兴香烟的时候，我喜欢收藏烟盒，还总希望爸爸买各种品牌的香烟。后来在学校里，老师给我们讲了卫生常识，告诉我们吸烟对人体的危害。我才站到妈妈这边，一起劝爸爸戒烟，可是爸爸一只耳朵听，一只耳朵冒，根本听不进去。后来老师下载了一段视频：经科学家实验表明，一支香烟所含的尼古丁可毒死一只小白鼠，二十支香烟中的尼古丁就可以毒死一头牛，如果将三支香烟的尼古丁注入人的静脉，几分钟就可能致人死亡。我把这段视频给爸爸看，爸爸终于认识到吸烟的危害，下定决心戒烟了。

（一）听第一遍录音，判断正误

1. ×　　2. √　　3. √　　4. ×

听说（二） 禁 烟

1	禁（烟）	jìn（yān）	动	to forbid (smoking)
2	有害	yǒuhài	动	to do harm to
3	劝说	quànshuō	动	to persuade
4	浑身	húnshēn	名	all over the body
5	自在	zìzai	形	free, comfortable
6	不顾	búgù	动	to disregard
7	被动	bèidòng	形	passive
8	一再	yízài	副	repeatedly
9	凑热闹*	còu rènao		to join in the fun
10	顾及	gùjí	动	to take into account
11	想方设法	xiǎngfāng-shèfǎ		to try, to manage
12	无聊*	wúliáo	形	bored, boring
13	养成	yǎngchéng	动	to develop, to form
14	场所	chǎngsuǒ	名	place
15	呛	qiàng	动	to choke
16	嚼*	jiáo	动	to chew
17	口香糖*	kǒuxiāngtáng	名	chewing gum
18	烟民	yānmín	名	smoker
19	派头*	pàitóu	名	style

词语理解

一、听句子，选择正确的词语

1. 对吸烟的人来说，<u>戒烟</u>不是一天两天就能做到的。

2. 在我一次又一次的劝说下，他终于不再吸烟了。
3. 大家的眼睛都盯着我，看得我浑身不自在。
4. 小伙子不顾天气的寒冷，跳进江里去救人了。
5. 被动学习的人缺乏学习的积极性。

二、听对话，回答问题

1. 男：你儿子的病怎么一直不见好？
   女：唉！大夫一再强调，让他多休息，可他一有空儿就打游戏。
   问：女士儿子的病为什么一直不见好？

2. 女：这款手机怎么这么难买？
   男：这种新型号的手机太受欢迎了，一时半会儿买不到。
   问：这种新型号的手机为什么现在买不到？

3. 男：平时没见你跑步啊，怎么想起报名参加长跑比赛了？
   女：领导让大家积极参加运动会，我也就是报个项目凑凑热闹。
   问：女士为什么要参加长跑比赛？

4. 女：明明是领导说错了，你为什么不给他指出来？
   男：我这不是顾及领导的面子嘛！
   问：男士为什么没有指出领导的错误？

5. 男：哪儿来这么多钱？
   女：这是我们想方设法凑出来的，给孩子看病要紧。
   问：这些钱是从哪儿来的？

语句理解

一、听录音，跟读句子，并就这些论点展开辩论

1. 吸烟是成年人的标志。
2. 吸烟有助于社会交往。
3. 吸烟可以缓解疲劳。
4. 吸烟可以消除烦恼。
5. 吸烟可以排遣寂寞。
6. 吸烟有害健康。

博雅汉语听说·中级冲刺篇 II
听力文本及参考答案

 二、听录音，跟读句子，并谈谈自己对这些戒烟方法的看法

2-5
1. 身边准备香烟替代品。
2. 经常参加户外运动。
3. 多喝水，多吃水果。
4. 多去禁止吸烟的场所。
5. 家里和办公室都贴上"吸烟有害健康"的图片。

语段理解

 二、听对话，做练习

2-6
儿子：妈，刚才新闻里说，从明天起，公共场所全面禁烟。

母亲：太好了，我拥护这个决定。现在有些吸烟的人不管不顾，走到哪儿吸到哪儿，一点儿也不顾及被动吸烟者的感受。

儿子：我也赞成！我在车站等车的时候，最怕身边有人吸烟，呛得人难受，躲又没处躲，说又不敢说。

母亲：吸烟不仅影响吸烟人的身体健康，对身边不吸烟但是被动吸烟的人危害更大。

儿子：既然吸烟对大家都不好，为什么商店里还要卖烟呢？不允许卖烟不就完了？

母亲：吸烟虽然对身体有害，但是禁烟也不是那么容易的事，要一步一步来。因为有些人吸烟的习惯是多年养成的，一时半会儿戒不掉，他们一天不吸就浑身不自在。对他们来说，戒烟不是一天两天就能做到的，但是现在至少要让他们改掉在公共场所吸烟的坏毛病，这也算是社会文明进步的一种表现。

儿子：那有什么办法能够让吸烟的人戒烟呢？

母亲：现在很多吸烟的人也在想方设法戒烟，比如在想吸烟的时候，嚼嚼口香糖什么的。其实，我们国家的烟民虽然很多，但上瘾到无法控制的还是少数，有的人吸烟只是为了打发无聊的时间，也有的仅仅是为了凑热闹，觉得嘴里叼着烟卷儿，神气地吐个烟圈儿，显得很有派头。顺便告诉你个秘密，你爸年轻的时候也吸烟，后来为了你的健康，在我的一再劝说下把烟戒了。

儿子：真的吗？谢谢妈妈！哦！也应该谢谢爸爸！

第6课　戒烟与禁烟

（一）听第一遍录音，填空

　　1. 全面禁烟　　2. 不管不顾　　3. 被动吸烟　　4. 一时半会儿　　5. 一再劝说

（二）听第二遍录音，判断正误

　　1. ×　　2. ×　　3. √　　4. √

第7课 亲情

听说（一）　您多保重

1	保重	bǎozhòng	动	to take care of oneself
2	骗子	piànzi	名	cheat, fraud
3	消除	xiāochú	动	to eliminate, to remove
4	编造	biānzào	动	to fabricate, to make up
5	谎言	huǎngyán	名	lie
6	独自	dúzì	副	by oneself
7	央求	yāngqiú	动	to beg, to plead
8	真相	zhēnxiàng	名	truth
9	恍然大悟*	huǎngrán-dàwù		to realize suddenly
10	口干舌燥	kǒugān-shézào		parched, thirsty
11	小心翼翼*	xiǎoxīn-yìyì		cautiously, gingerly
12	不由自主	bùyóuzìzhǔ		cannot help
13	迷糊*	míhu	形	unconscious, muddle-headed
14	寂寞	jìmò	形	lonely
15	赔本儿	péi běnr		to sustain losses in business
16	贷款*	dài kuǎn		to loan
17	诈骗	zhàpiàn	动	to defraud
18	母爱*	mǔ'ài	名	maternal love

第7课 亲 情

19	独居	dújū	动	to live alone, to live by oneself
20	……感	……gǎn	名	the feeling of...
21	骨碌*	gūlu	动	to roll
22	嘟囔*	dūnang	动	to mutter to oneself
23	趿拉*	tāla	动	to shuffle
24	挪*	nuó	动	to move
25	听筒	tīngtǒng	名	telephone receiver
26	（一）通	(yí) tòng	量	measure word before some actions
27	震颤*	zhènchàn	动	to tremble, to quiver
28	猜想	cāixiǎng	动	to guess
29	回应	huíyìng	动	to reply
30	乳名*	rǔmíng	名	infant name
31	明细账*	míngxìzhàng	名	itemized account
32	一一*	yīyī	副	one by one
33	报*	bào	动	to report
34	舍不得	shěbude	动	not willing to do sth.
35	拆穿	chāichuān	动	to expose

词语理解

1-2

一、听句子，选择正确的词语

1. 路上会遇到很多想不到的事情，请多保重。
2. 我们这么做，就是为了消除他的紧张情绪。
3. 你别听他们的，这是他们编造的谎言。
4. 他虽然很年轻，但是能够独自完成这样的任务。
5. 他再三央求，希望我原谅他。

二、选出与所听到的句子意思相近的一项

1. 直到警察说明了真相，大家才恍然大悟，知道误会他了。　　　　（ B ）
2. 我们劝她劝得口干舌燥，可她就是不相信，认为我们都在骗她。（ A ）
3. 他说话、办事总是小心翼翼，总怕得罪领导。　　　　　　　　（ C ）
4. 现场的听众被他的故事感动，很多人不由自主地流下了眼泪。　（ A ）
5. 你晚上早点儿睡吧，整天迷迷糊糊的怎么能做好工作呢？　　　（ C ）

语句理解

一、听录音，跟读句子，并用画线部分各说一句话

1. 没有什么<u>比</u>母爱<u>更</u>深沉。
2. 母亲的关切中<u>带着</u>严肃。
3. 人<u>一</u>顺利<u>就</u>容易张狂。
4. 母亲坚持不收，<u>千叮咛万嘱咐</u>，别给祖宗抹黑。
5. 妻子和孩子也醒了，他们<u>一脸惊讶</u>。

二、听录音，跟读句子，并解释画线部分

1. 她说了半天，我们两个人还是<u>摸不着头脑</u>。
2. <u>天狂有雨，人狂有祸</u>，做人一定要低调。
3. 咱们不能<u>光宗耀祖</u>，也千万别给祖宗抹黑。
4. 你在城里做了官，乡下的老父亲老母亲多<u>风光</u>啊！

语段理解

二、听短文，做练习

　　张老太太已经习惯了独居生活。白天，她或者买菜做饭，或者和老姐妹们一起打打太极拳，跳跳广场舞，倒也不觉得寂寞。但到了晚上，她独自在家，免不了有一种孤独感。

　　这天晚上，她看了会儿电视，刚上床准备睡觉，迷迷糊糊听到电话铃响了。

　　这么晚了，谁会来电话？这可是几年来从来没有过的事啊。她一骨碌爬起来，一边嘟囔着，一边趿拉着鞋，一步步挪到电话旁边，拿起电话，听筒里传来一句熟悉的声音："喂！"

　　"是儿子！"张老太太心里一通震颤，可又马上消除了自己的猜想："怎么可能？儿子已经去世三年了。"

第7课 亲　情

"妈！"电话里还是那熟悉的声音。

"小强！"张老太太不由自主地回应了一声，"小强"是儿子的乳名。

电话的那头是个骗子，只要听到老年妇女的声音，便会利用对方的母爱进行诈骗。骗子听到回应，知道诈骗的第一步成功了，于是开始小心翼翼地编造谎言，内容自然是自己贷款创业如何赔了本儿，然后还把公司的明细账一一报给"母亲"，希望她寄钱给自己。而张老太太，这时也恍然大悟，明白这是一个诈骗电话。可这骗子的声音和儿子太像了，使张老太太舍不得挂断电话。张老太太便没有拆穿他的谎言，继续听他编造故事。等骗子说得口干舌燥，发现根本骗不了她、准备放弃时，张老太太把真相告诉了他，并再三央求对方："孩子，再说一句吧，说什么都行。"电话的那一头一阵沉默，接着传出一句低沉："妈！您多保重啊！"

（一）听第一遍录音，填空

　　1. 孤独感　　2. 趿拉　　3. 猜想　　4. 诈骗　　5. 拆穿

（二）听第二遍录音，判断正误

　　1. √　　2. ×　　3. ×　　4. ×

2-1

听说（二）　为了儿子的梦想

1	梦想	mèngxiǎng	名	dream
2	天下	tiānxià	名	the world
3	照应	zhàoying	动	to take care of, to coordinate
4	间断	jiànduàn	动	to interrupt, to stop
5	出于	chūyú	动	out of
6	名次	míngcì	名	ranking
7	习惯性	xíguànxìng	名	habituation
8	小瞧	xiǎoqiáo	动	to underestimate
9	要强	yàoqiáng	形	eager to do well in everything
10	吹	chuī	动	to boast
11	当初	dāngchū	名	at the beginning
12	一辈子*	yíbèizi	名	all one's life

13	老爷子	lǎoyézi	名	a respected calling for eldly male person
14	轮椅	lúnyǐ	名	wheelchair
15	露	lù	动	to show
16	得意	déyì	形	proud, complacent
17	迷	mí	动	to be fascinated by, to indulge in
18	人家	rénjia	代	other, another
19	参赛	cānsài	动	to take part in competition
20	软磨硬泡	ruǎnmó-yìngpào		to achieve the goal by various ways
21	分头	fēntóu	副	separately
22	成年	chéngnián	动	to grow up
23	次要	cìyào	形	secondary
24	放开	fàng kāi		freely
25	爹	diē	名	dad
26	应	yìng	动	to suit, to accord with

词语理解

一、听句子，选择正确的词语

2-2
1. 我希望你们去同一个城市留学，互相也好有个照应。
2. 只要坚持做下去，很快就会实现你的梦想。
3. 爸爸每天早上起床后都会读一小时的外语，从不间断。
4. 出于对祖国的热爱，他放弃国外的工作回国了。
5. 能不能拿到好名次不重要，重要的是在比赛中学到知识。

二、听对话，回答问题

2-3
1. 男：他的样子改变了很多，警察是怎么认出他来的？
    女：警察看了现场的录像，根据他的一个习惯性动作确定他就是那个小偷儿。
    问：警察是怎么确定他就是那个小偷儿的？

第7课 亲　情

2. 女：小张的个子不高，能打篮球吗？
   男：嘿！你可别小瞧他，他可是我们校队投篮最准的队员了。
   问：男士是怎么评价小张的？

3. 男：我听说你儿子学习成绩很好，在班里每门成绩都名列第一。
   女：他是个要强的孩子，做什么事都不愿落在别人后面。
   问：女士的儿子性格上有什么特点？

4. 女：他们都说你是"活词典"，问什么都难不倒你。
   男：你别听他们吹，我也有很多不知道的。
   问：男士怎么看待别人对他的评价？

5. 男：当老师多辛苦啊，当初你为什么选择当老师呢？
   女：我喜欢教师这个职业，打算在学校干一辈子。
   问：女士当初为什么选择当老师？

语句理解

2-4
一、听录音，填空，并讨论所填词语的意思
1. 母亲用严厉且<u>不容置疑</u>的语调说了那些话。
2. 你小时候<u>忍饥挨饿</u>努力读书，才有了今天这份工作。
3. 这件事在一个普通农村妇女心中产生的冲击，是我们<u>始料不及</u>的。
4. 母亲一席<u>振聋发聩</u>的忠告，又让我体会到没有什么比母爱更清醒。

语段理解

2-5
二、听对话，做练习

"老爷子，您这么大岁数还一个人来跑马拉松啊？"

"哪儿是我一个人啊？我是跟儿子一起来的。"老人指向身旁一位坐着轮椅的年轻人。

"他也参加马拉松？"

"是啊，你可别小瞧他！他参加马拉松比赛已经十几年了，现在每年都能获得轮椅组前十名。"说着，老人脸上露出得意的笑容。

"叔叔，您别听我爸吹。我参加正式的马拉松比赛也就五六年，之前参加比赛，都是我爸推着我跟在大部队后面跑。"

"这孩子可要强了，小时候看到家门口的马拉松比赛，一下子就迷上了，非让我带他参加。刚开始,我向组委会报名时,我想推着他在后面跑,人家不批准,说这么跑不符合规定,按规定无论是普通选手还是轮椅组的选手,都必须独自参赛,不能让人帮忙。后来我软磨硬泡,人家说,那你也别报名,跟在后面跑吧。就这么跑了几年。这几年儿子能自己坐轮椅参赛了,我们就分头报名,他参加轮椅组,我参加成年组,不过,我还是习惯性地跟在他的轮椅后面跑。拿不拿名次是次要的,毕竟跑那么远的距离,万一有什么事,多少也有个照应。"

"我跟我爸说了多少次,让他别管我,我自己能行,他就是不听我的。其实,他要是放开跑,说不定能拿个好名次呢!"

"我呀,能参加马拉松比赛,还不就是因为儿子。儿子从小不能走路,这一辈子都要在轮椅上度过。孩子想锻炼,这是个好事啊,当爹的得支持他。这些年,我也就坚持下来了。"

"您这么做不容易啊!真是应了那句话:'可怜天下父母心'啊!"

(一)听第一遍录音,判断正误

1. ×　　2. √　　3. ×　　4. √

第 8 课 北京的记忆

听说（一） 重游什刹海

1-1

1	童年*	tóngnián	名	childhood
2	熙熙攘攘*	xīxī-rǎngrǎng		bustling
3	鱼贯而入*	yúguàn'érrù		to enter in succession
4	浩浩荡荡*	hàohào-dàngdàng		in formidable array
5	鳞次栉比	líncì-zhìbǐ		row upon row of (houses, etc.)
6	景点	jǐngdiǎn	名	scenic spot
7	乐园*	lèyuán	名	paradise
8	禁区	jìnqū	名	forbidden zone
9	勾	gōu	动	to remind
10	水域	shuǐyù	名	waters, water area
11	周边	zhōubiān	名	around
12	老天爷	lǎotiānyé	名	God
13	保佑*	bǎoyòu	动	to bless
14	救生员	jiùshēngyuán	名	lifeguard
15	水性	shuǐxìng	名	ability in swimming
16	畅游	chàngyóu	动	to have a good swim
17	冰车	bīngchē	名	ice vehicle
18	窟窿	kūlong	名	hole, cave

51

19	好在*	hǎozài	副	fortunately
20	幸亏	xìngkuī	副	thanks to
21	挨骂	ái mà		to get a scolding
22	变样儿	biàn yàngr		to change
23	游客*	yóukè	名	tourist
24	载客	zàikè	动	to carry passengers
25	三轮车	sānlúnchē	名	tricycle
26	穿行	chuānxíng	动	to pass through
27	不亚于	bú yàyú		not inferior to

词语理解

一、选出与所听到的句子意思相近的一项

1-2
1. 庙会上到处都是熙熙攘攘的人群。（B）
2. 博物馆开门了，参观的人们排好了队，鱼贯而入。（A）
3. 参加毕业典礼的学生，浩浩荡荡通过了主席台。（B）
4. 这里新修建的高楼一座座矗立起来，鳞次栉比。（C）

语句理解

一、听录音，跟读句子，并解释画线词语

1-3
1. <u>水滴石穿</u>，只要我们不断努力，困难总归会克服。
2. <u>普天之下</u>，哪个国家的人民不热爱和平、反对战争？
3. 在这里租房的住户来自全国各地，<u>鱼龙混杂</u>。
4. 穿上新军服，战士们一个个<u>威风凛凛</u>，意气风发。
5. 眼见小孙子被汽车撞倒，孩子的奶奶<u>呼天抢地</u>，悲痛欲绝。

二、听录音，跟读句子，并用画线词语各说一句话

1-4
1. 他知识十分丰富，<u>有</u>"活字典"<u>之称</u>。
2. <u>对于</u>这些正在长身体的孩子<u>而言</u>，娱乐应该在生活中占有一定的时间。

3. 这些话他也是在无意中听到的。
4. 哪怕你有天大的本事，也无法战胜它。
5. 坐飞机去也好，坐火车去也好，都不如自己开车去方便。

语段理解

二、听短文，做练习

1-5
　　小时候，我在什刹海后海边住过，搬家以后就没再去过。最近，一个偶然的机会，让我重游什刹海，勾起了我对童年生活的回忆。

　　什刹海分为三段水域。最北边是西海，也叫积水潭。那里每到夏天，就是一个大游泳场。小时候，一放暑假，我就会和小伙伴们去那里游泳。记得刚学游泳的时候，有一次，我游着游着忽然游不动了，连着喝了几口水，老天爷保佑，被救生员叔叔看到了，把我救了上来。后来，我水性好了，还在那儿参加过环海畅游活动呢。

　　什刹海的南边是前海，那里到了夏天也是一个游泳场，到了冬天就成了滑冰爱好者的乐园。我小时候常去滑冰车。有一次，一不小心，我的一条腿掉进冰窟窿，好在水不深，小伙伴们把我从冰窟窿里拉了上来。幸亏离家不远，否则就冻成冰人了。

　　在西海和前海的中间是后海。我小时候，那里是游泳禁区，所以很安静。到了夏天，大胆的我常常带着两个救生圈，一个套在胸前，一个套在脚上，跳到后海里，悠然自得地在水里泡上半天，为这没少挨家里人的骂。

　　这次重游什刹海，发现完全变样儿了，那里已经变成了北京一个有名的景点了。尤其是在前海，一家家酒吧鳞次栉比，成为著名的酒吧街；到了晚上，逛街的游客熙熙攘攘，鱼贯而入；载客的三轮车一辆接一辆，浩浩荡荡地在人群中穿行。其热闹景象不亚于王府井和上海的十里洋场。不过，我还是更喜欢小时候眼中的什刹海。

（一）听第一遍录音，填空
　　1. 童年　　2. 水域　　3. 畅游　　4. 禁区　　5. 鱼贯而入

（二）听第二遍录音，判断正误
　　1. √　　2. ×　　3. ×

听说（二） 烟袋斜街

1	烟袋	yāndài	名	tobacco pipe
2	入选	rùxuǎn	动	to be selected
3	记载	jìzǎi	动	to record, to write down
4	观赏	guānshǎng	动	to view, to watch
5	一言为定	yìyán-wéidìng		It's a deal. / That's settled then.
6	小吃	xiǎochī	名	snack
7	手工艺品	shǒugōngyìpǐn	名	articles of handicraft
8	美景	měijǐng	名	beautiful scenery
9	史书	shǐshū	名	historical records
10	步行*	bùxíng	动	to walk
11	连接	liánjiē	动	to connect, to link
12	观	guān	动	to watch
13	美誉	měiyù	名	good reputation
14	修建	xiūjiàn	动	to build, to construct
15	大厦	dàshà	名	mansion
16	旧时	jiùshí	名	in the past, old times
17	商户	shānghù	名	shop
18	烟具	yānjù	名	smoking set
19	古玩	gǔwán	名	antique
20	字画	zìhuà	名	scripts and paintings
21	工艺	gōngyì	名	handicraft
22	年间*	niánjiān	名	in the years of

第8课 北京的记忆

词语理解

一、听句子，选择正确的词语
1. 他是中国著名的足球运动员，已经<u>入选</u>了足球名人堂。
2. 关于这条街道，清代的文献就已经有所<u>记载</u>。
3. 这项运动有很强的<u>观赏</u>性。
4. 我只想做我喜欢的工作，<u>至于</u>工资高低，并不重要。
5. 这件事不能再变了，咱们<u>一言为定</u>。

语句理解

一、听录音，填空
1. 他考了好几次，<u>总算</u>把驾驶执照考下来了。
2. 到了地铁站我才发现没带公交卡，<u>恰巧</u>遇到了同事。
3. 公司目前确实遇到了一些困难，可是问题<u>总归</u>是可以解决的。
4. 小王把拿下博士学位当作自己在大学的<u>最终</u>目标。
5. 你这么做不管是<u>出于</u>什么目的，效果都不是很好。

二、听录音，跟读句子，并解释画线部分
1. 从事这些职业的人，和他们所从事的职业一样，<u>逐渐隐退为历史</u>。
2. 他们<u>鱼贯而入</u>，并终将在另一个时空里消失。
3. <u>这些都不是最重要的，重要的是记忆的根须没有灭绝</u>。
4. 一个城市，总要有一个地方，在无意中保留下<u>童年的乐园</u>。
5. <u>打开中国历史的长卷</u>，可以找到很多像他一样的人物。

语段理解

二、听对话，做练习

A：周末你去哪儿玩儿了？
B：去烟袋斜街转了转。
A：烟袋斜街在什么地方？
B：是鼓楼大街和什刹海之间的一条步行街，东边是北京城著名的鼓楼和钟楼，西边是连接什刹海前海和后海的银锭桥。
A：银锭桥我知道，据史书记载，那是北京最早的桥。听说天气晴朗的时候，站在银锭桥上，可以观赏到西山的美景，有"银锭观山"的美誉。

B：现在北京修建了那么多高楼大厦，这一美景恐怕很难看到了。

A：可不！

B：既然是步行街，那烟袋斜街应该是一条商业街吧？为什么叫烟袋斜街？是街道像一个大烟袋吗？

A：是有这么说的。也有人说，这条街之所以叫烟袋斜街，是因为旧时这里的商户大多是卖烟具的。当然，现在卖烟具的几乎没有了，主要是卖一些古玩、字画和手工艺品，还有卖各种小吃的。你看，这是什么？

B：鼻烟壶。我在王府井的工艺美术商店看到过。

A：这就是我在烟袋斜街买的，有意思吧？比王府井商店要便宜很多。

B：我也一直想买一个呢。烟袋斜街的历史很长吧？

A：是啊！烟袋斜街是北京最古老的一条文化街，早在清朝乾隆年间，就有关于这条街的记载了，现在已经入选了"中国历史文化名街"。

B：听你说得这么热闹，我也想去那里看看了。

A：好啊，虽然我去了一次，但是还没看够，有时间我陪你一起去。

B：一言为定。

（一）听第一遍录音，填空

1. 钟楼　后海　2. 银锭观山　3. 古玩　小吃　4. 中国历史文化名街

（二）听第二遍录音，判断正误

1. √　2. ×　3. √　4. ×